O Sétimo Selo
O Silêncio dos Céus

O sétimo selo

Copyright by © Petit Editora e Distribuidora Ltda., 2010-2024
11-9-24-100-30.250

Direção editorial: **Ronaldo A. Sperdutti**
Coordenadora editorial: **Isabel Ferrazoli**
Capa: **Danielle Joanes**
Imagem da capa: **Silverv / Dreamstime.com**
Projeto gráfico e editoração: **Estúdio Design do Livro**
Preparação: **Maiara Gouveia**
Revisão: **Katycia Nunes**
Impressão: **Renovagraf**

Dados Internacionais de Catalogação na Publicação (CIP)
(Câmara Brasileira do Livro, SP, Brasil)

Irmão Virgílio (Espírito).
    O sétimo selo : o silêncio dos céus / um romance do Espírito Irmão Virgílio ;
psicografado pelo médium Antonio Demarchi. – São Paulo : Petit, 2010.

ISBN 978-85-7253-189-4

    1. Espiritismo   2. Psicografia   3. Romance espírita   I. Demarchi,
Antonio.   II. Título.

10-12573   CDD: 133.93

Índices para catálogo sistemático:
1. Romances espíritas psicografados : Espiritismo   133.93

Direitos autorais reservados.
É proibida a reprodução total ou parcial, de qualquer forma
ou por qualquer meio, salvo com autorização da Editora.
(Lei nº 9.610, de 19 de fevereiro de 1998)
Traduções somente com autorização por escrito da Editora.

Impresso no Brasil.

Prezado(a) leitor(a),

Caso encontre neste livro alguma parte que acredita que vai interessar ou mesmo ajudar
outras pessoas e decida distribuí-la por meio da internet ou outro meio, nunca deixe de
mencionar a fonte, pois assim estará preservando os direitos do autor e, consequentemente,
contribuindo para uma ótima divulgação do livro.

O Sétimo Selo
O Silêncio dos Céus

Um romance do Espírito
Irmão Virgílio

Psicografado pelo médium
Antonio Demarchi

Av. Porto Ferreira, 1031 - Parque Iracema
CEP 15809-020 - Catanduva-SP
17 3531.4444 - 17 99257.5523

www.petit.com.br | petit@petit.com.br
www.boanova.net | boanova@boanova.net

LIVROS DO MÉDIUM ANTONIO DEMARCHI

Com o Espírito Irmão Virgílio:
- *Amor eterno*
- *Anjos da caridade*
- *O sétimo selo*

Com o Espírito José Florêncio:
- *O retrato de Sabrina*

Agradecimentos oportunos

Algo que jamais podemos esquecer na vida é o sentimento de gratidão. Agradecer a Deus, o Criador, por nos ter concedido o privilégio de existir. Agradecer a Jesus, o Divino Amigo, que nos trouxe a grande mensagem da Boa-nova, a Lei do Amor, maior legado que a humanidade recebeu por meio do Seu Evangelho de Luz.

Agradecer ao pão de cada dia, à fé que nos anima a prosseguir sempre, à saúde do nosso corpo físico e à oportunidade de servir em nome de Jesus. Agradecer até mesmo às provas e adversidades que enfrentamos, pois representam oportunidades valiosas de aprendizado ao espírito atento.

Entretanto, houve, nesta existência, criaturas com as quais eu jamais poderia cometer a ingratidão do esquecimento. Pessoas que marcaram minha vida, sinto-me no dever de manifestar meu sentimento de gratidão eterno a todas elas.

Sempre que consulto o horizonte de minha memória, encontro estrelas cintilantes cujo brilho continua sempre majestoso, apesar do tempo.

Duas dessas estrelas trazem um brilho fulgurante: são meus pais, Estefano Demarchi e Antonia Licerro Demarchi. Foram pessoas humildes e iletradas que, na simplicidade, nos ensinaram os valores mais preciosos desta vida: a moral e o caráter. Eu e meus irmãos trabalhávamos na lavoura, na dura vida da enxada, com as mãos calejadas, no dia a dia do Sol inclemente a nos causticar o corpo, mas éramos felizes. Tínhamos o carinho e a bênção de nossos pais. Eles nos deram muito amor, senso de responsabilidade e trabalho. Aos meus queridos pais, meu eterno agradecimento. Faço de minhas palavras também a de meus irmãos e irmãs.

Todavia, neste horizonte cintilante de gratidão, ocupa um lugar de destaque uma criatura, um ser humano extraordinário que eu jamais poderia esquecer, pois mudou minha vida e a de muitos outros em nossa época.

Trata-se de um grande brasileiro, um homem com uma visão acima dos homens de seu tempo, um cidadão público de conduta exemplar e reta, que viveu em uma época em que políticos de sua envergadura faziam política pelo sincero desejo de servir e por puro idealismo. Refiro-me ao ex-prefeito da pequenina cidade Cabrália Paulista, na década de 1960, o Sr. José Pereira, ou Zéca Pereira, como era popularmente conhecido.

Hoje, transcorrido tanto tempo, ainda guardo fresca em minha memória a lembrança de sua figura de homem bondoso, sem vaidades, nos cumprimentando com um sorriso enquanto o caminhão da prefeitura chegava com a meninada de Paulistânia, Floresta e regiões adjacentes, para estudar no Ginásio Municipal Astor de Matos Carvalho de Cabrália Paulista, que era um sonho do prefeito Zéca e lhe custou dissabores e críticas por parte daqueles que não entendiam o alcance de seu idealismo.

O tempo passou, como tudo passa na vida, mas nosso querido ex-prefeito talvez não tenha sequer imaginado a grande diferença que faria em nossas vidas. Na minha vida e na de outras tantas crianças carentes, oferecendo a oportunidade de estudar, tirando-nos da roça. Aqui, abro parênteses para recordar o desprendimento de meu velho pai, cuja atitude foi incompreensível para muitos, criticaram-no por permitir que pudéssemos estudar, abrindo mão de uma força de trabalho, contrariando um costume típico de uma época em que as famílias, na lavoura, tinham grande número de filhos justamente como braços para ajudar nas lidas do dia a dia.

Hoje, não se encontra facilmente homens como nosso querido Zeca, e a memória das criaturas é curta. Não damos o devido valor àqueles que, com idealismo e desprendimento, fizeram a diferença na vida de muitos. Atualmente, verificamos, entristecidos, que preponderam os falsos valores. Aqueles que são espertos, os oportunistas, estes, sim, são valorizados. A lei do mais esperto, de levar vantagem em tudo, faz parte da cartilha de muitos, e o resultado é o que vemos: uma política com políticos desmoralizados, salvo raras e honrosas exceções.

Este livro é um alerta sobre valores morais, sobre a importância da educação, da civilidade e do respeito. Não poderíamos nos esquecer daqueles que contribuíram de forma decisiva para nossa formação educacional e moral.

Ao nosso querido José Pereira, ou Zéca Pereira, nossas singelas homenagens e sentimento de eterna gratidão. Nem sempre temos aqui, neste mundo, o reconhecimento do bem que se pratica. Mas não importa! Alguém, lá em cima, tudo vê e tudo sabe, e certamente deve ter conferido e anotado os verdadeiros créditos a quem realmente merece.

Antonio Demarchi
São Paulo, 30 de agosto de 2010

Sumário

Um fim de semana trágico 11

Acontecimentos turbulentos 51

Atitudes que fazem a diferença 73

Assembleia nas trevas 93

Estratégias do mal 117

Uma assembleia de luz 141

As trevas em ação 161

O número da besta 185

A luta continua 221

Acompanhando os resultados 241

O sétimo selo 259

O tempo urge 269

Um fim de semana trágico

Dona Matilde chegou aos prantos diante do necrotério, localizado ao lado do Hospital das Clínicas, em São Paulo. Seu coração parecia que iria explodir de tanta dor e angústia. Seus olhos estavam vermelhos de tanto chorar. Não mais tinha lágrimas, soluçava em seco, mas sabia que ainda não sorvera todo fel daquela taça de amargura. Realizava um encargo doloroso de mãe pelo qual jamais imaginara que teria de cumprir um dia. Não queria acreditar, parecia impossível que aquilo houvesse ocorrido, mas era obrigada a reconhecer o corpo do filho, morto algumas horas antes.

– Que tarefa dolorosa, meu Deus! – exclamava, desolada, amparada por duas amigas das horas difíceis. – Como é que permitiu que isso tenha acontecido com meu filho tão querido?

Era uma noite de domingo, passava das oito horas, e ela seguia pela rua, ansiosa para chegar em seu lar doce lar, onde esperava encontrar o abraço e o beijo de seu filho muito amado.

Depois de mais um exaustivo e extenuante plantão de fim de semana, em que trabalhava como atendente de enfermagem em um hospital público, apressava seus passos na expectativa de vislumbrar a figura do filho correndo em sua direção, como sempre fazia, e sentiu-se sobressaltada quando observou, a distância, uma pequena aglomeração em frente à sua modesta residência, em um dos bairros mais violentos da periferia, na zona sul da cidade de São Paulo.

Seu coração bateu descompassado e um pressentimento ruim passou por sua cabeça enquanto sentia um arrepio gelado de morte percorrer todo seu corpo. Uma angústia tomou conta de seu peito e sentiu um aperto quando as pessoas olharam para ela. Identificou, então, no meio da pequena multidão, sua melhor amiga, Clotilde, que correu para abraçá-la.

"Meu Deus!", pensou, desesperada, "alguma coisa de muito ruim aconteceu mesmo".

– Matilde – disse a amiga, enquanto a abraçava, – você precisa ser forte!

– Meu Deus! Meu Deus! – repetia. – O que foi que aconteceu? Vamos, digam-me logo ou terei um ataque cardíaco!

– É sobre seu filho, o Rodrigo!

– Pelo amor de Deus! O que aconteceu com meu filho? Rodrigo é um anjo de menino, só tem quinze anos de idade, é ainda uma criança! O que aconteceu? – indagou, em desespero.

A amiga sabia que não tinha alternativa. O acontecimento fora público e não havia como ocultar nem atenuar o impacto daquela notícia terrível e dolorosa.

Irmão Virgílio | Antonio Demarchi

– Rodrigo foi assassinado na porta de um bar, com alguns amigos. Foi uma chacina cruel e covarde, minha amiga. Ele estava junto com algumas pessoas, e os assassinos dispararam vários tiros, matando todos os que estavam no local naquele momento. Infelizmente, Rodrigo pagou com a vida, inocente, algum acerto de contas entre quadrilhas de traficantes. Estava no local errado e na hora errada!

Antes de cair desmaiada, Matilde deu um grito medonho, que ecoou pelo espaço, possivelmente chegando até as profundezas do infinito, aos ouvidos Daquele que tudo ouve. Era o grito pungente e agoniado de uma mãe desesperada, magoada, ferida, que não poderia jamais compreender o porquê de tamanha violência.

Quando acordou, estava deitada em sua cama, e a presença de um policial ao lado do leito trouxe imediatamente à sua memória a extensão da tragédia que estava vivendo. Clotilde e Paulina eram duas vizinhas e amigas com as quais sempre contara em momentos de desespero, e eram elas que, naquele momento, estavam ao seu lado. Como tudo aquilo havia acontecido, afinal?

O policial, constrangido diante daquele quadro doloroso, tinha de cumprir sua missão:

– Perdoe-nos por incomodá-la neste momento difícil, Dona Matilde, mas a senhora precisa ir ao IML para o reconhecimento do corpo e para preencher as formalidades legais e liberá-lo deste o mais rápido possível para o funeral.

Naquele momento, Matilde sentiu que, talvez, não seria capaz de resistir a tanta dor. Não sabia se suportaria ver o corpo do filho querido que deixara em perfeita saúde, como sempre fizera, antes de sair para o plantão, no sábado à noite.

Enquanto soluçava sem consolo, seu pensamento voltou ao passado. Recordou seus dezessete anos, quando conhecera Adamastor, um rapaz moreno, de porte atlético e jeito malandro, que era disputado por todas as mulheres do bairro como se fosse o máximo do máximo.

Adamastor tinha mais de vinte cinco anos e, segundo se comentava à boca pequena, o rapaz era "barra pesada". Diziam que estava envolvido com assaltos e drogas, andava sempre armado e era temido por todos. Além do mais, acompanhava-o um grupo de amigos igualmente violentos. Eram todos "farinha do mesmo saco" e, vira e mexe, estavam envolvidos em brigas e pancadarias naquela região onde a violência agia solta e raramente se via alguma viatura da polícia circulando.

Naquele dia, fora convidada para um baile de pagode na casa de uma amiga e Adamastor apareceu por lá com seus amigos. Ao contrário do que as pessoas diziam, Matilde achou-o simpático, muito alegre, comunicativo e imediatamente se apaixonou. Seus olhos não conseguiam desviar da figura do rapaz, de quem rapidamente atraiu a sua atenção, tirando-a para dançar. Começou a "rolar uma paquera", que logo evoluiu, pois, no final do baile, o rapaz a beijava com sofreguidão, e Matilde se entregava, perigosamente envolvida pela paixão avassaladora que tomava conta de seu coração.

Reconhecia que fora imprudente, e isso sempre vinha em sua mente, sentindo-se culpada pelo acontecido, pois, até então,

Irmão Virgílio | Antonio Demarchi

havia conservado sua pureza, e, de repente, deixou-se dominar por aquele sentimento incontrolável, naquela mesma noite.

Seu pai, um homem humilde que viera do interior e ainda conservava a simplicidade de "gente do mato", conversou com a filha, preocupado com o que estava acontecendo. Henrique sempre fora um homem honrado e correto. Viviam em uma pequena casa ainda por colocar o reboco externo, e ele temia pelo que pudesse acontecer de ruim naquele ambiente em que fora morar, obrigado pela situação financeira. Trabalhando como porteiro, conseguira comprar aquele pequeno terreno, onde construíra, pouco a pouco, sua modesta casinha, com as economias que conseguia a partir do seu minguado salário.

Observava a vizinhança. Muitas pessoas, simples como ele, em virtude das circunstâncias, também adquiriram seus terrenos e construiram a casa aos poucos, de acordo com as possibilidades financeiras. Em sua grande maioria, eram pessoas trabalhadoras e honestas. Mas o bairro foi crescendo e, ao mesmo tempo, aumentou a presença de pessoas estranhas e de aspecto preocupante. Sua esposa, dona Ercília, também compactuava com suas preocupações, vendo sua única filha crescer naquele ambiente, cada dia mais perigoso.

Entretanto, quando seus pais procuraram conversar, Matilde imediatamente repeliu os argumentos. Estava apaixonada, e, para ela, Adamastor não era nada daquilo que se falava.

O senhor Henrique e a dona Ercília observavam, preocupados, sua única filha, linda, a quem eles pretendiam que realizasse os mais belos sonhos e que um dia pudesse estudar e se formar, arrumar algum emprego decente, casar com algum homem de bem, constituir família e morar em algum lugar longe daquele onde residiam, diante dos acontecimentos, parecia abrir mão de tudo pela arrebatada paixão.

Adamastor simplesmente chegava de carro na porta da casa e buzinava. Matilde saía imediatamente, apressada, entrando no carro, o qual desaparecia, levantando uma nuvem de poeira na rua sem asfalto, fazendo roncar com estardalhaço o motor do barulhento veículo.

Os pais da moça sabiam que aquilo não era boa coisa e não daria certo, mas Matilde não queria saber de ouvir conselhos. Dizia que Adamastor a fazia feliz e, vez ou outra, aparecia com roupas novas, relógios e pulseiras que não eram de alto valor, mas, para Matilde, tudo aquilo era perfeito.

Entretanto, aquele conto de fadas às avessas, em que o príncipe vira sapo, não demorou muito para se mostrar. A moça ficou assustada e preocupada quando percebeu que alguma coisa de estranho estava acontecendo com seu corpo, pois começou a sentir tonturas e náuseas.

Quando precisou amparar a filha na sala para que não caísse, dona Ercília imediatamente identificou a origem do problema, ao observar que a menina também sentia ânsias e vômitos intermitentes.

– Minha filha, você está grávida!

Matilde sentiu que tudo rodava à sua volta, e queria entender o que acontecia.

– Como estou grávida? – questionou, ingenuamente.

A mãe, com os olhos espantados, estava desnorteada, e, com seu jeito interiorano, indagou à filha:

Irmão Virgílio | Antonio Demarchi

– Você está se entregando a este homem, minha filha? Você está se deitando com ele?

A moça arregalou os olhos e concordou com a mãe. Estava perdida, pensou. Diante da confirmação da filha, dona Ercília começou a chorar.

– Meu Deus, como vamos dizer isso ao seu pai, minha filha? Será a maior vergonha para todos nós. A gente cansou de falar com você, mas você não obedeceu nem sua mãe nem seu pai. Coitado do Henrique, não vai ter coragem nem de sair na rua – concluiu, soluçando.

A reação de Matilde espantou a mãe, que aparentemente não conhecia a própria filha.

– Ora, mamãe, pare de chorar que hoje mesmo, quando Adamastor vier me buscar, vou falar com ele. Estamos apaixonados e tenho certeza que ele vai assumir o filho.

Ledo engano, pois, naquela mesma noite, quando se encontraram em uma rua escura e de pouco movimento, lugar preferido de Adamastor, no momento das carícias mais íntimas, em que Matilde deu a notícia da gravidez, a reação do rapaz foi intempestiva e violenta:

– Você é uma desajeitada e imbecil. Como foi ficar grávida? Não fez nada para evitar? Você é uma idiota mesmo, agora que se vire com seu bucho! – exclamou.

Até então, Matilde desconhecia aquela personalidade do homem pelo qual havia se apaixonado. Ainda tentou argumentar:

– Mas, meu amor, você disse que me amava!

– E você acreditou? É uma completa idiota mesmo! E você acreditou? – repetiu, irritado. – Todo homem diz que ama quando está interessado em uma mulher. Você já era, não me interessa mais! – retrucou, com extrema grosseria.

Matilde recusava-se a acreditar no que ouvia. Atônita, tentava ordenar as ideias e pensamentos, pois descobria um pouco tarde que estava sozinha naquele barco.

– Meu amor, é nosso filho, o que vamos fazer?

Adamastor olhou para Matilde com os olhos injetados de sangue, refletindo o mais completo desprezo. A moça ficou apavorada ao ouvi-lo falar de uma forma violenta e ameaçadora.

– Primeiro, mocinha, não me chame mais de seu amor, porque não sou seu amor e fim de papo. Segundo, você disse "nosso filho". Está errada, não é nosso filho de jeito nenhum. É seu filho, porque você o quis, então, o problema é seu.

Matilde começou a chorar, desconsolada. Qualquer homem com um pouco mais de sensibilidade iria se comover, mas não Adamastor.

– E tem mais – completou –, cale a boca e pare de chorar, ou vai levar uns "bumba" na cara aqui mesmo, que é para ficar um pouco mais esperta na vida. Aí, sim, vai ter motivo para chorar de verdade.

Amedrontada, a moça apenas choramingava, enquanto dizia baixinho:

– Meu Deus, que vergonha. O que papai vai dizer de tudo isso?

Irritado, Adamastor agarrou-a violentamente pelo pescoço, ameaçando estrangulá-la.

– Eu já disse que é para calar essa matraca ou vai se arrepender de verdade. E tem mais: se seu pai, ou quem quer que seja, vier tirar satisfações, juro que dou um fim em você, nesta criança e em quem se meter neste assunto. Agora, saia do carro, não estou mais para choradeira – arrematou, abrindo a porta do carro e empurrando-a para fora.

Matilde recordou ter caído na rua, suja e escura, enquanto Adamastor saía com o carro em disparada, deixando uma nuvem de fumaça e poeira. Aquela havia sido a pior humilhação que sofrera em sua vida.

Em lágrimas e desorientada, andou por algumas quadras daquela rua deserta até chegar em uma avenida mais movimentada, onde passava um taxista que, ao ver o estado da moça, sentiu-se penalizado e, apesar de preocupado com alguma armadilha, acolheu-a no carro e a levou até o endereço de sua pequena e modesta casa, não muito distante daquele local.

Quando chegou, sentia-se totalmente desesperada, imaginando a reação de seus pais quando soubessem que Adamastor os ameaçara. Sentia-se ultrajada em sua honra, mas sabia que era culpada por tudo aquilo.

Adentrou o recinto doméstico, verificando que seus pais estavam na sala à sua espera. Não sabia como dizer tudo o que ia em seu coração, mas nem foi preciso, pois o senhor Henrique e a dona Ercília se levantaram e a abraçaram, entre lágrimas.

– Não chore, minha filha – disse o pai, compreensivo –, acho até que já sabemos que seu namorado não quis saber de nada, não é mesmo?

Diante das palavras compreensivas e amorosas do pai, Matilde desabou num choro convulsivo.

– Não só isso, papai – respondeu em lágrimas –, além de não querer saber de nada, ainda ameaçou nos matar caso alguém o procure para tirar satisfação.

Dona Ercília acariciou os cabelos da filha, enquanto respondia de forma conciliadora:

– Acho que é melhor assim, minha filha! Aquele rapaz é uma tranqueira e todo mundo sabia disso, só você não quis ver. Que isso sirva de lição para todos nós, porque eu e seu pai também temos nossa parcela de culpa.

Matilde chorou nos ombros paternos. Diante do infortúnio e da humilhação, pelo menos sentia que não estava abandonada.

– Vocês não tiveram nenhuma culpa, mamãe. Eu é que fui cega diante dos fatos, porque vocês cansaram de me dizer, e eu não quis ouvir. O que vamos fazer? Meu filho irá nascer sem pai?

Henrique acariciou o rosto molhado pelas lágrimas da filha e respondeu, emocionado:

– Não se preocupe com meu netinho, minha filha. Será a alegria desta casa, pois sempre sentimos falta de mais um filho e ajudaremos a criá-lo, com o maior amor que ele poderia receber. Afinal, depois de tanto desgosto e tristeza, uma criança é uma bênção que Deus nos envia.

Emocionada, Matilde agradeceu as palavras de seus genitores. Pela primeira vez, ela os valorizava e sentia-se agradecida com sinceridade em seu coração. Seus pais eram criaturas humildes e simples do interior, mas guardavam valores profundos no coração.

Irmão Virgílio | Antonio Demarchi

Assim, Rodrigo veio à luz. Cresceu entre os carinhos, afagos e beijos da mãe e dos avós. Dona Ercília era quem ficava a maior parte do tempo com o menino, que não a chamava de avó, e sim de mãe, mas Matilde não se importava.

O tempo passou e nunca mais quis saber de outro homem em sua vida. Profundamente decepcionada com os homens por causa de Adamastor, generalizava em suas palavras, sempre com mágoa:

– Homem nenhum presta. Apenas meu pai e meu filho, Rodrigo. Estes sim, são os homens que eu irei amar, admirar e respeitar em toda minha vida.

Trabalhava de dia, estudava à noite e, com dificuldade, formou-se num curso de atendente de enfermagem. Passou em um concurso e ingressou num hospital público.

Chorou muito quando, alguns anos mais tarde, depois de muito sofrimento em virtude de um câncer no fígado, Henrique veio a falecer. Sua mãe, desconsolada, resolveu retornar ao interior, onde residiam os demais parentes e familiares, mas Matilde preferiu ficar em São Paulo.

Venderam a casa, e dona Ercília adquiriu uma casinha no interior. Com o restante do dinheiro e algumas economias, Matilde conseguiu comprar uma pequena casa de dois cômodos, naquele mesmo bairro da zona sul de São Paulo.

Matriculou Rodrigo em uma escola pública próxima, e o menino correspondia plenamente às expectativas da mãe. Nunca dera trabalho na escola e sempre tirava as melhores notas.

Mas, lá no fundo de seu coração, Matilde tinha uma mágoa profunda: via o filho crescendo e sabia que sentiria a falta da presença paterna. Procurava, de todas as formas, compensar aquele vácuo na vida do menino, mas sabia que aquilo era algo insubstituível, que ela não tinha como compensar. Para piorar seu sentimento de culpa, muitas vezes precisava cumprir o plantão de 24 horas, tendo de confiar seu pequeno tesouro à amizade e cuidado de suas vizinhas, Clotilde e Paulina. O menino estava chegando à adolescência e as amigas faziam o possível, mas, aos domingos, Rodrigo saía com os amigos do bairro, garotos e garotas que haviam crescido juntos.

Passava muitos fins de semana no plantão, retornando à casa apenas na noite do domingo, e Rodrigo sempre a esperava no portão. Quando vislumbrava sua figura apontando na rua, corria feliz, com os braços abertos, em sua direção. O encontro era sempre emocionante, pois Matilde abraçava e beijava seu filho com carinho e amor.

Os anos passaram, o garoto havia concluído o Ensino Fundamental, sempre com boas notas e elogios dos professores. Rodrigo era o orgulho de Matilde, que sonhava ver o filho formado doutor, um advogado, ou quem sabe um engenheiro. Não se importaria com nenhum sacrifício, pois tudo faria pelo filho. Não mediria esforços nem se importaria com as renúncias, pois haveria de encontrar os recursos necessários para que o filho pudesse frequentar as melhores faculdades e assim realizar seu sonho de mãe.

Por esse motivo, quando chegou em casa aquela fatídica noite, seu coração sangrou de dor e agonia ao tomar conhecimento da tragédia. Como viver sem a presença do filho? Rodrigo era sua força, sua razão de viver, sua alegria, sua esperança,

Irmão Virgílio | Antonio Demarchi

seu consolo. E agora? Como suportar tamanha dor? Decidida-mente, a vida perdera completamente o sentido a partir daquele acontecimento insólito.

* * *

Dona Marinalva quase não acreditou quando observou sua filha Daiane chegando em casa, amparada por sua amiga Solange, com o rosto coberto por uma palidez de cera e a fronte suarenta. Contrastando com a gravidade da situação, a amiga da filha não aparentava muita preocupação.

— Dona Marinalva, ajude aqui, por favor, porque Daiane não está passando muito bem. Acho que vai desmaiar.

A pobre mãe, apanhada de surpresa e sem a mínima noção do que acontecera, correu e apanhou a filha nos braços, levando-a para cama.

— Meu Deus! — exclamou, desesperada. — O que aconteceu com a minha filha?

Embora o caso fosse de extrema gravidade, Solange respon-deu como se aquilo fosse algo normal.

— Não vou mentir para a senhora, dona Marinalva, Daiane acabou de fazer um aborto.

Nada, neste mundo, provocaria maior devastação no cora-ção daquela pobre mãe do que a notícia que acabara de receber.

— Santo Deus! — exclamou a mãe, incrédula. — Como isso é possível? Daiane tem apenas 14 anos de idade! Como isso foi acontecer?

Solange era a amiga mais próxima de Daiane e dona Marinalva, sempre preocupada com seus afazeres de diarista doméstica, nem sempre dava a atenção necessária para a filha. Agora, entretanto, não conseguia acreditar no que acontecia, principalmente pela aparente falta de noção da gravidade da situação por parte da amiga da filha, que retrucou de forma displicente, enquanto mastigava uma goma de mascar:

– Tenha calma, dona Marinalva. Daiane está mal, mas não vai ser nada. Já, já ela melhora, a senhora vai ver. Eu também já fiz um aborto, há alguns meses, e passei muito mal, perdi muito sangue, mas depois me recuperei.

Atarantada, a pobre mãe acomodou a filha como pôde na cama. Ainda em estado de choque com a sucessão dos acontecimentos, falava em voz alta:

– O que fazer, meu Deus? E se Daiane piorar?

A atitude de Solange era algo perturbador, um misto de displicência e ignorância ao considerar que um aborto fosse algo normal e corriqueiro.

– Já falei para a senhora não se preocupar, dona Marinalva. Uma porção de amigas nossas já fizeram aborto no mesmo lugar, e é assim mesmo, pois, afinal – concluiu pela primeira vez com uma observação mais ponderada –, um aborto não é brincadeira, não.

Entretanto, o caso de Daiane não era mais um caso corriqueiro como tantos outros. A garota submeteu-se a um aborto clandestino e a curetagem, mal conduzida, provocou significativa perda de sangue, que se agravou nas horas seguintes, com a eclosão de uma violenta infecção intrauterina. Naquela madrugada, Daiane delirava em febre alta. Sem telefone em sua modesta residência, dona Marinalva esperou que o dia raiasse para buscar auxílio.

Irmão Virgílio | Antonio Demarchi

O Sétimo Selo | O Silêncio dos Céus

Quando a ambulância chegou, a menina, já inconsciente, foi levada ao hospital, mas não havia muito o que fazer, pois seu caso era de extrema gravidade. Em vão, os médicos ministraram potentes antibióticos. O quadro não se reverteu, e a garota veio a óbito em poucas horas.

Durante o enterro, enquanto o corpo de Daiane descia à sepultura, a pobre mãe recordava, em lágrimas, sua trajetória de vida e sofrimento, que culminava com o sepultamento de sua filha tão amada, de apenas 14 anos de idade. Lembrou-se do dia em que Daiane nascera, filha de seu segundo relacionamento, pois seu primeiro marido falecera em um acidente de caminhão de boias-frias, no interior do Estado. Com dois filhos pequenos para criar e sem saber o que fazer, resolveu vir para São Paulo com algumas famílias que a encorajaram, dizendo que na capital havia creches da prefeitura para deixar os pequenos e ela poderia trabalhar como doméstica.

Chegando à cidade, enfrentou a dura realidade. Não tinha onde ficar com duas crianças pequenas, mas os amigos, com pequenas economias, tinham adquirido um casebre muito simples em meio a uma comunidade carente, e cederam um cantinho para que ela ficasse até que pudesse arrumar algo melhor.

Assim aconteceu. Marinalva era uma mulher forte, acostumada à lida e a cortar cana desde o nascer ao pôr-do-sol, e não tinha medo da luta. Foi pedindo, implorando, mendigando, até que alguém se compadeceu de sua condição, oferecendo-lhe emprego como faxineira, no bairro do Brooklin Paulista. Dona Sarita parecia ser uma alma piedosa, diferente de seu esposo, um importante político paulistano que, em seu discurso, falava em auxiliar os pobres, mas, na realidade, queria era distância dos menos favorecidos.

Nos primeiros dias de trabalho, Marinalva não tinha com quem deixar os filhos, e eles acabavam ficando sozinhos no casebre, entregues à própria sorte. A família que a acolhera não estava satisfeita com aquela situação, pois já haviam oferecido um lugar para que ela pudesse ficar, mas não gostavam de ver que as crianças ficavam abandonadas quando a mãe saía para trabalhar, e logo deram um ultimato para que ela encontrasse um lugar para elas, ou desocupasse o quarto.

A pobre mãe estava desesperada, sem saber o que fazer, pois temia levar o problema para a patroa e perder o emprego. Foi quando surgiu Reginaldo em sua vida. Desde o primeiro momento, Marinalva não foi com o jeito atrevido daquele homem, pois, sempre que a via no ponto de ônibus, ele se aproximava e fazia galanteios baratos. Sua figura transparecia um verdadeiro malandro, um cafajeste: um longo bigode preto que alisava constantemente; um palito de dentes na boca, que revirava de um lado para outro; óculos que não eram de Sol, mas tinham uma tonalidade meio avermelhada; uma camisa xadrez e uma calça cor de abóbora completavam a figura esquisita de Reginaldo.

Embora fosse mulher da roça, chegando na casa dos vinte oito anos, Marinalva era atraente. Apenas um tanto quanto maltratada, mas nada que não pudesse revelar um rosto belo, adornando um corpo bem torneado que os vestidos simples não conseguiam ocultar. Reginaldo parecia tentado a conquistar o seu coração:

– Para onde está indo a bela senhorita? – perguntou, insinuante e sorridente, mostrando os dentes amarelados.

A moça, envergonhada, abaixou a cabeça e não respondeu. O malandro insistiu:

– Com esta beleza toda, não precisaria tomar ônibus. Eu poderia levá-la de carro para onde quisesse ir.

Por sorte, logo o ônibus apontou na esquina. Marinalva deu sinal e foi embora, deixando o galanteador falando sozinho. Mas parecia que aquela situação continuaria, pois, no dia seguinte, lá estava ele, à espreita. Quando Marinalva chegou ao ponto, novamente se aproximou.

– Você é muito bonita e eu estou doidinho por você! E sabe do que mais? – continuou: – Eu gosto de mulheres difíceis, pois tudo fica ainda mais gostoso quando finalmente chegamos lá – complementou, de forma maliciosa e inconveniente.

Como ela não respondesse, ele prosseguiu em sua artimanha traiçoeira.

– Não adianta querer fugir de mim. Ninguém foge de Reginaldo, e quando Reginaldo quer – dizia, dirigindo-se a ele mesmo como se fosse uma entidade distinta –, ninguém impede. Quando Reginaldo quer alguma coisa, ele conquista. Sei onde você mora e sei que tem dois filhos pequenos. Você vai ser minha, custe o que custar.

"Que homem horrível e asqueroso", pensou Marinalva. E, para sua sorte, logo o ônibus chegou e ela pôde ir embora.

Naquele dia, nem trabalhou direito, de tão preocupada. Não bastavam os problemas que enfrentava, agora precisava lidar com um malandro que adquirira o hábito ficar se insinuando de forma inconveniente e ameaçadora.

Para piorar a situação, dona Sarita estava muito irritada, pois Marinalva manchara uma camisa de tecido fino do seu esposo, o senhor Castro, homem muito exigente e intolerante.

– Marinalva – chamou a patroa –, o que você fez com esta camisa? – questionou, exibindo uma camisa finíssima de cor azul claro, com manchas esbranquiçadas.

Ao ser chamada atenção de forma mais veemente, Marinalva teve ímpetos de chorar, mas se conteve.

– Não sei, não, dona Sarita. Eu a coloquei de molho para lavar juntamente com as demais roupas.

Percebia-se que dona Sarita estava muito aborrecida em virtude do destempero do marido.

– Você tem ideia de quanto custa uma camisa como esta, Marinalva?

A doméstica abaixou a cabeça, humilde, respondendo com a voz sumida.

– Sei não, dona Sarita.

– Pois bem, você teria que trabalhar um ano inteiro para pagar esta camisa. Olha o que você fez! Não sabe que não pode misturar camisas de tecidos coloridos com outras, pois isso mancha?

– Eu não coloquei, não, senhora! – respondeu a empregada. – Essa camisa eu lavei separada, porque vi que era muito chique.

– Então você colocou muita água sanitária. Camisas como esta devem ser lavadas com todo cuidado. E agora? Quem irá pagar o prejuízo?

Marinalva continuava de cabeça baixa, mas agora ela não conseguia conter as lágrimas que desciam de seus olhos.

Irmão Virgílio | Antonio Demarchi

O Sétimo Selo | O Silêncio dos Céus

— Me perdoe, dona Sarita, prometo que isso não irá mais acontecer.

— É bom mesmo — respondeu a patroa rispidamente —, porque não terá próxima vez. Se isso ocorrer, vai para o olho da rua!

Naquela tarde, Marinalva pensava na vida sem sentido que levava. Nos dois filhos pequenos que ficavam abandonados, enquanto ela procurava trabalhar para ganhar o sustento necessário, sofrendo humilhações. Lembrou-se de Valdinei, seu marido. Se ainda estivesse vivo, a situação seria diferente. Ele era um bom homem, que, apesar da rudeza, sempre fora compreensivo. Ficou pensando que seria difícil prosseguir sem um companheiro que pudesse ampará-la, e a seus filhos, nos momentos difíceis. Precisava de alguém, bom e compreensivo, para dividir com ela a responsabilidade de criar duas crianças pequenas.

No final do dia, retornando para o casebre onde morava de favor, desceu no ponto e lá estava Reginaldo, à sua espera. Já estava pronta para dar um basta no inconveniente pretendente, quando a postura daquele homem a surpreendeu:

— Perdoe-me, minha senhora — falou, de forma educada —, tenho sido um pouco atrevido, mas, hoje, gostaria de me desculpar. Por favor, permita que eu a acompanhe até sua residência para que, no caminho, possamos conversar um pouco.

As palavras de Reginaldo pareciam decoradas e contrastavam com sua aparência abrutalhada, mas aquela postura diferente motivou Marinalva a lhe dar ouvidos.

— O que você quer de mim? — questionou.

– Minhas intenções são as melhores possíveis, dona Marinalva. Desculpe meu atrevimento, é que gostei muito de vossa aparência – completou, querendo impressionar com o palavreado. – A senhora me parece uma mulher distinta, e eu já estou cansado de minha vida de solteiro. Pode perguntar por minha pessoa na região, todo mundo me conhece. Sei que minha fama não é lá muito boa, mas estou disposto a mudar. A senhora é viúva, já pesquisei por aí; tem dois filhos e luta com dificuldade. Não tem onde ficar e mora de favor. Então, seria uma boa solução: tenho um barraco mobiliado, que, modéstia a parte, é o melhor da região, e moro sozinho. Sua presença iria enfeitar meu barraco, dona Marinalva, seria um palacete onde seus filhos ficariam bem acomodados. Não precisaria mais trabalhar, porque Reginaldo é homem suficiente para sustentar uma família, e mulher de Reginaldo não vai precisar sair para trabalhar fora nunca! Reginaldo sabe o que quer e o que eu quero mesmo é o amor da senhora! – complementou, retomando seu estilo galanteador.

A doméstica estava surpresa com aquelas palavras. Aquele homem, além de inconveniente, era muito rápido em suas decisões. Já arquitetara seu plano e decidira à revelia de sua vontade. Quem pensava que era? Revoltada, ela respondeu:

– Senhor Reginaldo, vejo que o senhor é um homem muito esperto, inteligente e até admito suas boas intenções. Mas as minhas são outras e, no momento, não estou interessada em nenhum relacionamento com o senhor. Por favor, me deixe em paz!

Diante da reação de Marinalva, Reginaldo se surpreendeu, ficando estático no meio do caminho, não se afastou antes dar seu recado.

O Sétimo Selo | O Silêncio dos Céus

— Olhe, dona Marinalva, ofertas como esta não acontecem todo dia. Só quero que pense bem em minha proposta, não precisa me responder agora. Vou dar três dias para que a senhora pense e depois me dê uma resposta positiva, porque, se for negativa, tenho certeza de que a senhora irá se arrepender muito, e então será tarde.

Quando chegou ao seu pequeno quartinho, um dos filhos ardia em febre. Apesar de cansada, pegou o filho no colo e o outro pela mão, tomou um ônibus e se dirigiu ao pronto-socorro mais próximo. Depois de horas de espera, finalmente foi atendida, e os exames constataram que a criança estava com uma amigdalite avançada. A garganta da criança apresentava placas purulentas, e o médico receitou um antibiótico, que deveria ser ministrado imediatamente.

A pobre mãe se desesperou, pois não tinha dinheiro para comprar o medicamento. Desorientada, saiu do pronto-socorro, surpreendendo-se novamente, pois, como uma sombra sorrateira, lá estava Reginaldo, à sua espera.

— Está vendo, dona Marinalva? A senhora precisa de um homem como Reginaldo em sua vida. Venha, entre no meu carro que eu levo a senhora para casa. Tenho certeza de que não jantou e ainda precisa comprar remédio para seu filho.

A pobre mulher não queria admitir, mas parecia-lhe que Reginaldo era sua única saída. Aquele homem podia ser inconveniente, desprezível, mas ela não sabia o que fazer. Diante de sua necessidade, Reginaldo até lhe pareceu mais compreensivo e menos repugnante do que das primeiras vezes.

— Tem razão – respondeu. – Estou cansada, ainda não jantei e sequer tomei um banho. Mesmo assim, minha preocupação não é esta, e, sim, que meu filho precisa de remédios e estou sem dinheiro.

Aquelas palavras de Marinalva soaram para Reginaldo como uma capitulação. Estufando o peito e assumindo pose de bom samaritano, respondeu, satisfeito:

– Pois bem, dona Marinalva, Reginaldo está às suas ordens. Vamos – convidou, surpreendentemente educado, abrindo a porta do carro. – Acomode seu outro filho no banco de trás e a senhora e o pequeno doente ficam na frente comigo. Dê-me a receita que vamos até uma farmácia, porque Reginaldo irá comprar os remédios de que seu filho precisa.

Como não houvesse nenhuma outra alternativa, a proposta de Reginaldo começou a parecer razoável para Marinalva, que ainda tentou argumentar:

– Senhor Reginaldo, estou muito agradecida por tudo que está fazendo por mim e meus filhos, mas quero deixar bem claro que o dinheiro que o senhor gastar com os remédios eu irei restituir tão logo receba o pagamento de minha patroa.

Reginaldo sorriu, parecendo compreensivo, à semelhança do predador que sabe que a presa não tem como escapar, deliciando-se, antegozando o momento de colocar suas garras sobre a vítima indefesa.

– Por favor, dona Marinalva. Já falei para a senhora que minhas intenções são as melhores possíveis. Não se preocupe com dinheiro, pois dinheiro nunca foi problema para Reginaldo.

Naquela noite, os problemas se agravaram. Gabriel tomou os medicamentos, mas a febre demorou ceder. A criança tossia e chorava, e os proprietários do barraco, embora amigos, manifestaram a insatisfação no dia seguinte, logo pela manhã:

– Marinalva – disse a amiga –, temos muita pena, mas esta situação está insustentável. Seu filho está doente, você precisa sair para trabalhar e nós é quem ficamos com a responsabilidade de tomar conta dele? Além do mais, esta noite ninguém dormiu direito. Sentimos muito, mas você terá de encontrar uma solução para esta situação, e logo!

Decididamente, Marinalva estava passando os piores momentos de sua vida. Sentiu-se totalmente desamparada, sem ter a quem recorrer, pois até seus amigos do interior abandonavam-na à própria sorte. Sem saber o que fazer, abaixou a cabeça e chorou copiosamente.

– Pelo amor de Deus! – implorou. – Deixem-me ficar aqui, com meus filhos, pelo menos por hoje. Vou rapidamente na casa de minha patroa, para ver se ela pode me adiantar algum dinheiro e, quando voltar, vou pensar em uma saída.

Aquela situação humilhantemente pareceu tocar o coração de seus amigos. Gabriel estava medicado e, naquele momento, dormia placidamente. Henrique estava acordado, mas era uma criança muito calma e não dava trabalho. Dona Genésia concedeu uma pequena trégua.

– Está bem. Esperamos que até o final do dia você possa encontrar um cantinho onde ficar com seus filhos. Infelizmente, aqui não é mais possível.

Marinalva dirigiu-se ao ponto de ônibus com o coração em frangalhos. As coisas não estavam bem no trabalho, não estavam bem com os amigos e agora corria o risco de não ter onde morar.

Com os pensamentos desconexos, sequer notou que Reginaldo não esperava-a no ponto de ônibus para seus galanteios impróprios, como de costume.

Quando chegou à mansão, dona Sarita a esperava com semblante carregado.

– Bom dia, dona Sarita – cumprimentou, amedrontada.

– Não sei para quem hoje é um bom dia – respondeu, de forma ríspida, a patroa. – Na verdade, Marinalva, tenho de despedir você. Pessoalmente, lamento muito, mas meu marido está muito aborrecido e não mais quer saber de uma empregada que fica estragando suas roupas mais elegantes. Não bastasse a camisa que você estragou colocando água sanitária em demasia, ontem, ao passar as roupas, você colocou o ferro muito quente em outra camisa de meu marido, queimando o tecido caríssimo!

Aquela notícia foi como um golpe de misericórdia a uma pessoa condenada. A pobre empregada sentou-se na escada e chorou. Aliás, chorar era o que Marinalva mais fizera nos últimos dias, seu coração constantemente apertado dentro do peito. A patroa continuou a desfiar o rosário de más notícias.

– Lamento, Marinalva, mas não tem jeito. Prefiro despedir você a me indispor com meu marido. Afinal de contas, ele tem razão, pois o prejuízo foi grande. Você jamais terá condições de pagar as camisas estragadas, e, dessa forma, o saldo de salário que você teria para receber fica descontado por conta do prejuízo.

"Meu Deus!", pensou consigo mesma a infeliz, "O que me falta acontecer ainda? Não tenho onde morar, não tenho

Irmão Virgílio | Antonio Demarchi

para onde ir, não tenho emprego e sequer tenho dinheiro para tomar o ônibus de volta".

– Por misericórdia, dona Sarita! Pelo amor de Deus! Por tudo que há de mais sagrado, por favor, não me mande embora. Não tenho para onde ir e meu filho está muito doente.

Sem demonstrar nenhuma consideração, a patroa encerrou a conversa de forma insensível:

– Por favor, Marinalva, vá embora que já estou cheia de suas lamúrias. Castro tem razão, vocês todas são iguais. Só sabem colocar filhos no mundo e não têm nenhuma responsabilidade. Depois, nós é que somos responsáveis pela pobreza e pelos miseráveis deste país. Para não dizer que não te ajudei, tome este dinheiro – disse, estendendo a mão com uma nota de pouco valor. – Agora vá embora, não quero ouvir mais sua voz nem suas queixas.

Quando Marinalva se viu na rua, sentou-se no meio-fio e soluçou. As pessoas passavam apressadas, sem entender o que acontecia com aquela mulher, naquela situação. Mas sequer uma alma piedosa parou para, ao menos, saber o que lhe acontecia.

Não tinha vontade retornar. Seguiu pela avenida movimentada como se estivesse isolada do mundo. Sua vontade era dar um ponto fim à vida. Mais à frente, via-se um viaduto, era a oportunidade de se jogar e acabar com aquele sofrimento sem sentido. Caminhou naquela direção enquanto o desejo de suicídio tomava vulto em sua mente. Marinalva não via mais nada, não percebia o que ocorria à sua volta, apenas uma ideia fixa: pensamentos fortes lhe diziam que bastava chegar até o viaduto e de lá se jogar. Seria tudo muito rápido e praticamente indolor, pensava.

Perto de seu objetivo, ouviu como se uma voz longínqua a chamasse pelo nome, de forma insistente:

– Marinalva!... Marinalva!...

De repente, sentiu que uma mão forte a envolveu com violência e Marinalva deu um grito, como que despertando de um pesadelo terrível. Era Reginaldo que a abraçava:

– O que você vai fazer mulher? Está louca?

Só então percebeu que, querendo ou não, seu destino parecia selado para sempre ao daquele bruto.

– Reginaldo, graças a Deus! Foi Deus quem te mandou! – exclamou, soluçando.

Se antes sentira repulsa por aquele homem, naquele instante deixou de sentir. Se ainda havia alguma barreira, naquele momento caiu por terra, e Marinalva abraçou em prantos aquele homem que, no íntimo, poderia até ser um cafajeste, mas era o único que, em sua aflição, lhe oferecia ajuda para sair da difícil situação em que se encontrava.

Por incrível que possa parecer, Reginaldo, naquele instante, pareceu se tornar mais dócil e sensível:

– Vamos embora, Marinalva! Vamos para minha casa que vou cuidar de você e de seus filhos. Você nunca irá passar por privações nem terá necessidade de trabalhar em casa de "bacana" nenhum para ganhar sua vida. Basta apenas amar Reginaldo que Reginaldo será sempre agradecido.

Marinalva, finalmente, capitulou. Aquela infeliz mulher não tinha alternativa. Abaixou a cabeça, ainda em lágrimas, e agradeceu a Deus colocar Reginaldo em seu caminho.

– Reginaldo – respondeu, humildemente –, só posso te agradecer por ser tão compreensivo comigo e com meus filhos, e agora, neste instante, quero lhe dizer uma coisa muito importante: eu não o amo, mas prometo que farei todo possível para dar o amor que você merece. Serei eternamente grata por tudo o que fizer pelos meus filhos.

Finalmente, Reginaldo conseguira alcançar seu objetivo. Tomado por um forte impulso de paixão, sem se importar com o fato de que se encontravam em um local público, abraçou, quase com violência, aquela mulher e a beijou com sofreguidão.

– Assim é que se fala mulher! Reginaldo saberá retribuir com muito amor e carinho sua dedicação e sinceridade. Vamos, porque, a partir de hoje, você será a nova dona do barraco de Reginaldo, porque no meu coração você mora faz é tempo.

Chegaram ao pequeno cômodo onde seus filhos se encontravam. Reginaldo estacionou seu carro na calçada, descendo com Marinalva para apanhar seus filhos e pertences.

Quando, finalmente, chegou à casa de Reginaldo, Marinalva se surpreendeu. Apesar da aparência externa prejudicada, interiormente o imóvel tinha o aspecto agradável. As paredes eram de tábuas, mas estavam com pintura nova, e os cômodos eram espaçosos para ela, que já havia se habituado ao espaço exíguo de um quartinho apertado do barraco de seus conhecidos. Reginaldo parecia satisfeito com a impressão da mulher, segurando-a pelo braço como se fosse o homem mais poderoso do mundo:

– Aqui está a cozinha – dizia ele, apontando para o pequeno espaço onde se via um fogão de quatro bocas, uma prateleira com pratos e talheres, uma geladeira já bem usada e uma pia improvisada. – Não é muito grande, mas o suficiente para fazer o que for necessário, mesmo porque Reginaldo não quer que sua mulher fique muito tempo na cozinha. Aqui é a sala de estar – dizia, entusiasmado, apresentando o pequeno espaço onde se via um aparelho de televisão sobre um móvel, um sofá de quatro lugares e uma poltrona. É aqui que Marinalva e Reginaldo se sentarão para assistir televisão e descansar.

– Este é o quarto dos meninos – apontou para o minúsculo quarto onde se via um pequeno beliche encostado à parede, com gradil de proteção. – Está vendo? Reginaldo não esqueceu nenhum detalhe: seus filhos poderão dormir sossegados, porque não tem risco de cair – esclareceu, feliz com sua esperteza.

Marinalva parecia mais calma. Afinal, estava aprendendo a ver Reginaldo com outros olhos e o homem à sua frente não era assim tão ruim como imaginara em suas primeiras impressões. Mas Reginaldo ainda não terminara a apresentação da casa para sua nova dona:

– Finalmente – apresentou com a satisfação de uma criança que exibe seu brinquedo favorito –, o nosso quarto, nosso ninho de amor! Veja! – exclamou, com um sorriso largo.

Marinalva sentia-se um tanto quanto constrangida diante de toda aquela situação, mas a atitude patética dele quase a fazia rir. Em seu íntimo, sentia que Reginaldo não era má pessoa. Entrou no pequeno quarto, observando que ele já cuidara de tudo, pois a cama estava bem arrumada, com uma colcha toda estampada e dois travesseiros coloridos adornando a cabeceira. Ele jogou-se sobre a cama para mostrar que o móvel era resistente, e o colchão macio e convidativo.

– Minha flor! – exclamou, romântico. – Esta casa é, a partir de hoje, todinha sua. É o lugar onde Reginaldo será o homem

Irmão Virgílio | Antonio Demarchi

mais feliz do mundo! Agora, vá cuidar de seus filhos e prepare algo bem gostoso para comer, porque Reginaldo está muito feliz e com muita fome.

Realmente, Marinalva poderia dizer que os primeiros anos foram muito felizes ao lado de Reginaldo. Logo no primeiro ano em que estavam juntos, engravidou, recebendo uma linda menina como filha daquela união improvisada. Reginaldo não cabia em si de satisfação:

– Esta menina irá se chamar Daiane, porque é uma princesa! – determinou.

Assim aconteceu. Gabriel já estava com oito e Henrique com nove anos, e passaram a sentir ciúmes da irmã, pois, após o nascimento, ficaram relegados a segundo plano nas atenções maternas.

Os anos correram, e os filhos cresceram. Reginaldo era amoroso, mas extremamente possessivo. Não admitia que Marinalva colocasse os pés para fora de casa, tornando-se, muitas vezes, violento. Para piorar as coisas, passou a beber, e algumas vezes chegou a espancar os meninos. Quando Marinalva tentava defender os filhos, também apanhava. A única que era poupada era Daiane, agora com cinco anos, que assistia, amedrontada, às cenas de selvageria protagonizadas pelo pai embriagado.

À medida que o tempo passava, a situação se agravava, pois tanto Gabriel quanto Henrique estavam na fase da adolescência e não mais toleravam os maus-tratos do padrasto. Uma noite, Reginaldo chegou bêbado e extremamente agressivo. Quando ameaçou espancar os enteados, Marinalva tentou defender os filhos, mas sofreu violento soco desferido pelo marido, caindo desacordada na sala.

Vendo a mãe no chão, com o canto da boca ensanguentado, os meninos se descontrolaram. Gabriel deu um violento empurrão em Reginaldo, que se desequilibrou, enquanto Henrique apanhava um bastão de madeira atrás da porta, que servia como tranca. Utilizando-o como uma arma, desferiu vários golpes na cabeça do infeliz. Henrique parecia possesso, pois, apesar de todo esforço do irmão, parou apenas quando a cabeça de Reginaldo assemelhava-se a uma massa disforme e ensanguentada.

– Meu Deus, Henrique! – exclamou Gabriel, desesperado. – Acabamos de matar nosso padrasto.

Só então Henrique pareceu despertar daquele torpor, caindo na realidade nua e crua. Marinalva voltava a si e, ao tomar conhecimento da tragédia que acabara de acontecer, gritou:

– Meus filhos queridos, o que aconteceu? Vocês mataram o Reginaldo?! Meu Deus! – exclamou em prantos. – Que tragédia!

Daiane, assustada, procurou os braços maternos enquanto ouvia-se, ao longe, o barulho de sirene da viatura policial que se aproximava, possivelmente chamada por alguém da vizinhança.

– Fujam, meus filhos, fujam antes que a polícia chegue.

Apavorados, os rapazes nem tiveram tempo de dar um abraço de despedida na mãe e na irmã. Em fração de segundos, aqueles irmãos infelizes, unidos pela tragédia, desapareceram nos meandros das vielas, na escuridão da noite, para nunca mais serem vistos pela mãe.

Aquela era uma grande mágoa que Marinalva carregaria no peito por longos anos. Em questão de minutos, perdera o marido,

Irmão Virgílio | Antonio Demarchi

os dois filhos e sua paz de espírito. Sua dor e tristeza passaram a ser companhia constante, sequer dava a atenção devida à sua filhinha, que crescia vendo a mãe chorando pelos cantos da casa.

A verdade é que Daiane também ficara abalada com toda a violência que presenciou. A menina parecia sofrer crises de ausência, parecendo viver em um mundo de fantasia. Dizia que era uma princesa, pois seu pai sempre lhe dizia isso. Quando via sua mãe chorando, em sua inocência, questionava:

– Mamãe, por que está chorando? Eu sou uma princesa e, quando crescer, virá um príncipe encantando que me levará para morar em um castelo de um reino encantado, e eu levarei a senhora para morar comigo, então não chore, viu? – dizia, enquanto as suas pequeninas mãos acariciavam os cabelos da mãe.

Mas Marinalva encontrava-se emocionalmente fragilizada, passava por um terrível processo obsessivo e depressivo. Sentia-se culpada ao pensar no futuro da filhinha, tão frágil e sonhadora. A realidade era muito cruel e, quando imaginava que sua pequena Daiane poderia vir a sofrer muito na vida, se desesperava ainda mais.

Lembrava-se dos filhos, que, desde aquela fatídica noite, haviam desaparecido. Nunca mais tivera notícia. Onde estariam? Passariam privações? Frio? Fome? Estariam vivos? Doentes? Às vezes, despertava de madrugada, como se ouvisse as vozes dos filhos a lhe chamar. Desesperada, abria a porta da casa, mas qual o quê! Não passava de um pesadelo, talvez provocado pelo vento, que soprava uma cantiga lúgubre no silêncio da noite. Voltava para o leito e não mais conseguia pregar os olhos, enquanto seus pensamentos rodopiavam, perguntando de novo onde estariam seus filhos queridos.

Aquela era uma situação muito triste e insustentável. Marinalva sentia, em alguns momentos, que não mais suportaria tudo aquilo e chegaria às raias da loucura.

Todavia, a vida seguia em frente. Daiane começou a frequentar uma escola de Ensino Fundamental, e Marinalva finalmente conseguiu arrumar alguns trabalhos como diarista. Isso foi uma bênção, pois, no dia a dia, envolvida nos trabalhos pesados de faxina e na lavagem de roupas, por alguns momentós esquecia sua infelicidade. Às vezes, saía mais cedo das residências onde trabalhava e caminhava pelas ruas a esmo, na esperança de, quem sabe um dia, encontrar seus filhos. Quando via algumas crianças pedindo esmolas nas esquinas e nos faróis, aproximava-se, quando a aparência, a distância, trazia alguma recordação de seus filhos, mas sempre a decepção: ao chegar perto, verificava que não eram nem Gabriel nem Henrique.

Algumas vezes, chegava em casa já de noite e Daiane não estava. Procurava a filha pela vizinhança e sempre a encontrava no barraco de amiguinhas. Com o tempo, Marinalva foi se acostumando com os sumiços da filha e não mais se importava, pois sabia que estava na casa de alguém.

Como dizia o poeta: "o tempo não para no porto, não apita na curva e não espera ninguém". Alguns anos se passaram, e Daiane, já com treze anos de idade, era uma menina linda, de corpo esbelto, na fase da adolescência e aparentava ter mais idade do que realmente tinha.

A comunidade crescera, aumentaram os barracos e a violência. Estranhos eram vistos nos becos e nas ruelas e, aos poucos, aquele local, antes habitado apenas por pessoas pobres e humildes, passou também a ser refúgio de desocupados, malandros e traficantes perigosos, mas Marinalva parecia não se dar conta de que sua filha, juntamente com outras meninas da comunidade, se relacionava com rapazes pouco recomendáveis.

Havia um chefe que tudo comandava e ditava ordens na região. Era a autoridade máxima, apesar de ter apenas vinte e poucos anos de idade. Era uma pessoa determinada: severo, suas ordens eram obedecidas com rigor e fidelidade canina. Não admitia falhas, e, quando havia necessidade, decretava pena de morte, executada à risca.

Sua autoridade era inquestionável e todos seus comparsas sabiam que Zadoque recompensava quando havia merecimento, mas também punia severamente, com requintes de crueldade, aqueles que não cumpriam à risca suas ordens.

Criou uma rede de para distribuição de drogas nas escolas da localidade, utilizando jovens recompensados com dinheiro, tênis de marca, relógios e joias. Mas a maior satisfação era o *"status"* de ostentar a condição de membro da gangue de Zadoque, pois, dentro da comunidade, ninguém mexia com os membros desse grupo e tinham respeito por eles. Ninguém ousava contestar as ordens de Zadoque que, dentro de seu território, fazia questão de manter a ordem, para não atrair a atenção da polícia.

Para as garotas, namorar um dos membros da gangue era "o máximo". O próprio Zadoque vivia rodeado por meninas lindas, que disputavam a preferência do chefe do tráfico. Uma garota sentia-se superior às demais por passar algumas horas ao lado do traficante. A armas pesadas que ele portava representavam o seu poder de mando. Alguém que quisesse entrar em sua casa, precisava de senha.

Para Daiane, Zadoque era como se fosse um príncipe encantado, e ele sabia da fascinação que exercia sobre aquelas meninas ingênuas e inconsequentes, sem noção do perigo que corriam.

O chefe do tráfico já estava de olho em Daiane que, aos catorze anos, surpreendia por sua beleza e malícia. Sorriso de criança, mas corpo de mulher; gestos de menina, mas ginga de moça feita: era a receita perfeita para atrair a cobiça e os desejos inconfessáveis de Zadoque.

No início, Daiane se fez de difícil, mas, no fundo de seu coração, o que mais desejava era namorar com o chefe do tráfico. As amigas morriam de inveja diante dos galanteios de Zadoque, e Daiane orgulhava-se de ser o alvo dos desejos de seu príncipe encantado.

Para piorar as coisas, Marinalva arrumou mais um trabalho como diarista, ausentando-se praticamente todos os dias para suas tarefas, retornando no final do dia, cansada e sem paciência para conversar com a filha. Não percebeu os sinais evidentes de alerta.

Bastaria um olhar mais atento para perceber que Daiane estava dispersa, desatenta, com os olhos perdidos no vazio, respondendo por monossílabos, quase mecanicamente. Seus boletins da escola não mostravam um bom desempenho, com muitos bilhetes e ausências que não chegavam a ser reportados

Irmão Virgílio | Antonio Demarchi

à mãe, pois a própria jovem falsificava a assinatura materna. Nos últimos tempos, nem ia mais à escola, passando as tardes na companhia de Zadoque.

O traficante a enchia de mimos e presentes, os quais Daiane ostentava como se fossem troféus diante das outras colegas, que roíam as unhas de inveja e despeito.

O relacionamento durou mais de um ano, e Daiane sonhava em morar com o namorado, quando surgiu o grande problema: engravidara. Ao saber disso, Zadoque chamou-a para uma conversa e foi seco e direto:

— Não sou homem que deseja constituir família e não quero saber de filhos, portanto, trate de dar um jeito de tirar essa criança de sua barriga, pois não quero nem saber.

Daiane percebeu que aquele com quem sempre sonhara como se fosse um príncipe encantado acabara de se transformar em um sapo horrível e cheio de verrugas.

Assustada, tentou argumentar:

— Por favor, Zadoque, não fale desse jeito comigo. Você sempre foi carinhoso, por que está tão bravo?

— Porque você é muito infantil e tonta. É bonita, mas tonta — retrucou, ríspido. — Não sou homem de repetir a ordem duas vezes, portanto, trate de tirar essa criança de sua "pança" porque não quero nem saber. E aproveite enquanto ainda está nos primeiros meses, porque dará menos trabalho.

— Mas não sei aonde ir e também não tenho dinheiro.

— Dinheiro não é problema, eu cuido disso. Fale com sua amiga Solange, ela fez um aborto não faz muito tempo e sabe os endereços desses lugares.

Daiane começou a chorar. Pela primeira vez, passava por uma situação tão humilhante como aquela. Zadoque, entretanto, sabia o que fazer para levantar a moral da namorada. Colocou as mãos em sua cintura e, em seguida, acariciou seu rosto enxugando suas lágrimas e beijou-a na boca. Nos braços daquele homem, Daiane não raciocinava, deixando-se levar pela paixão inconsequente e irresponsável.

– Não chore, minha flor, apenas se livre desse problema e nós continuaremos namorando e sendo felizes como sempre fomos. Eu ainda te amo muito, viu?

A garota acreditou na conversa dele.

– Você ainda me ama? Não está mais bravo comigo?

– Não, não estou bravo com você. Apenas não quero saber de criança para o meu lado. Você é uma menina tão linda e sou apaixonado por você. Por que vamos arrumar uma criança para atrapalhar nossa vida?

Daiane, finalmente, sorriu mais descontraída, entregando-se aos braços de Zadoque.

– Que bom que você me ama. Amanhã mesmo vou procurar Solange e falar com ela.

– Boa menina. Faça isso mesmo – reforçou, aliviado. – Peça para que ela vá com você, diga que fui eu quem mandei. Verá como tudo é muito simples, prático e rápido.

Assim aconteceu. No dia seguinte, acompanhada pela amiga, Daiane dirigiu-se a um local onde uma mulher já era bem conhecida por suas atividades clandestinas. As consequências foram desastrosas, culminando com a morte de uma menina pobre, que um dia sonhava em ser modelo, ser famosa

Irmão Virgílio | Antonio Demarchi

e, finalmente, casar-se com um príncipe encantado e viver feliz para sempre.

Ali estava seu corpo tão jovem, para uma vida cheia de sonhos, interrompida por uma morte estúpida, deixando a mãe desconsolada com mais um acontecimento que marcaria com sofrimento o restante de seus dias.

Infelizmente, existem muitas Daianes e muitas donas Marinalvas...

Acontecimentos turbulentos

$\mathcal{E}$ra uma noite de sexta-feira e nossa jornada de aprendizado se estendia na noite paulistana, a altas horas da madrugada. Em requintado bairro de classe média alta, grupos de jovens se divertiam desenfreadamente ao som de músicas barulhentas, nas diversas casas de diversão que proliferavam na região sul da capital paulistana.

A bebida corria solta, sem nenhum controle, observava-se que a esmagadora maioria de consumidores eram jovens, moças e rapazes menores de vinte um anos de idade, visivelmente tomados pelo torpor etílico que dominava completamente seus instintos.

Adentramos algumas casas de diversão, onde as pessoas se espremiam e se remexiam freneticamente, entregues à loucura ao som do "bate-estacas" e músicas "*technos*" tocadas por *DJs* que conseguiam tirar dos equipamentos sons estridentes, para delírio dos frequentadores.

O teor vibratório do local era pesadíssimo. As ondas de libido corriam soltas, embaladas pela música, pela bebida e pelas drogas sintéticas consumidas por grande número dos frequentadores. Tudo aquilo me deixava em estado de profunda apreensão, pois longe estava a época que poder-se-ia deixar um filho ir a um baile na companhia de amigos sem receio, quando não havia os perigos que rondavam a mocidade dos dias atuais. E o que parecia ainda pior: os jovens conviviam com aquela situação sem nenhuma preocupação, como se tudo aquilo fosse absolutamente normal.

Encontrava-me na companhia do Instrutor Ulisses em uma tarefa de estudos, pois tivéramos a oportunidade de viver extraordinária experiência na direção da Mansão do Reajuste Materno,[1] em substituição ao nosso querido amigo e Irmão Otávio, que se ausentara da instituição em missão superior por alguns meses.

Preocupava-nos sobremaneira o significativo aumento do índice de desencarne de jovens ainda em tenra idade, vítimas da prática abortiva, além do expressivo número de espíritos que sofreram o aborto que aportavam diariamente na instituição em estado lastimável. Diante de meu questionamento a respeito do que ocorria com o ser humano neste grave momento de transição que a humanidade atravessa, o Instrutor Ulisses convidou-me para um estudo presencial, em uma excursão, visitando as principais

---

1. Instituição destinada ao amparo de jovens desencarnadas pela prática do aborto. Episódio relatado no Livro *Crepúsculo de Outono*, Lúmen Editorial. (Nota do Médium)

Irmão Virgílio | Antonio Demarchi

cidades do país, para acompanhar o que ocorria com os jovens. E nossa primeira etapa foi em São Paulo.

Era fácil identificar que, naquela casa noturna, os instintos de sensualidade primitiva gravitavam por todos os lados, em forma de ondas insinuantes e agressivas. Embalados pela música estridente e envolvidos nas perigosas e envolventes vibrações, jovens se beijavam sem qualquer pudor, enquanto rodadas de cerveja e energéticos os inflamavam, acirrando ainda mais os sentidos, fazendo que a libido ficasse à flor da pele. O consumo dos entorpecentes sintéticos não provocava nenhum tipo de constrangimento ou reação, pois, naquele ambiente, era considerado apenas mais um catalisador da grande emoção em que buscava mergulhar aquele grupo de jovens imprudentes e descompromissados.

Na condição de estudioso, apenas observava atentamente, procurando tirar o máximo do aprendizado daquele cenário que meus olhos viam e, sem qualquer objetivo de crítica ou de julgamento, não pude deixar de lembrar da minha época, quando encarnado, na década de 1950, em que tudo era muito mais calmo e pacato. Mas tudo mudara rapidamente: os costumes foram corrompidos, a cidade cresceu desordenadamente, as dificuldades se avolumaram, a violência tomou conta das ruas e os sonhos de romantismo reduziram-se a momentos de prazer.

O Instrutor Ulisses sorriu, acompanhando minhas elucubrações mentais.

– *Bons tempos aqueles, Virgílio* – concluiu meus pensamentos. – *Que pena que tudo passou. Hoje, vivemos momentos em que o planeta e a humanidade experimentam a explosão dos sentidos para que haja a separação necessária do joio e do trigo.*

"É um momento solene, que nos leva à reflexão diante da densa onda vibratória que envolve o planeta e a humanidade, funcionando como um catalisador dos sentidos, fazendo que aqueles que se encontram na perigosa faixa vibratória dos sentidos primitivos, que se irradiam por todos os lados, sintam-se atraídos e se entreguem, desregradamente, aos anseios mais perigosos, sem perceberem que são atraídos para uma armadilha ardilosa."

As palavras do instrutor me trouxeram questionamentos.

– O que quer dizer com momento de transição da humanidade e do planeta? O que significa onda vibratória primitiva que funciona como uma armadilha ardilosa?

O instrutor sorriu benevolente diante de minhas indagações.

– Esclareceremos no momento oportuno, Virgílio. Por hoje, vamos concluir nossa tarefa de observação e estudos.

Sabia que o Instrutor Ulisses tinha motivos para que os esclarecimentos necessários viessem no momento adequado e, por essa razão, procurei aguardar o momento oportuno.

Ainda no interior do grande salão onde a agitação se estendia noite a dentro, observei desencarnados, que vibravam na sintonia da sensualidade, em completa profusão, divertindo-se com os jovens encarnados. Aspiravam juntamente com eles as baforadas do cigarro e compartilhavam da bebida, como se estivessem em uma justaposição de corpos, sugando as emanações etílicas que transpiravam por seus corpos. No embalo das drogas, procuravam dividir com o encarnado o máximo do prazer, aumentando ainda mais a sensação do delírio, em uma simbiose perigosa.

Era difícil identificar os limites da vontade entre encarnados e desencarnados. Poder-se-ia dizer que havia uma parceria inconsciente de prazer. Notando meu interesse no assunto, o Instrutor Ulisses esclareceu:

– *Não se pode levar adiante uma ideia genérica de que a diversão sadia não exista, Virgílio. Não é essa a questão. O que ocorre nos dias atuais, típicos desse período de transição que a humanidade atravessa, está relacionado às drogas. Quando falamos em drogas, falamos também das bebidas alcoólicas, nas quais, infelizmente, nossos jovens se iniciam cada vez mais cedo. É a cerveja, aparentemente inocente, a porta de entrada para drogas mais pesadas e perigosas.*

"A bebida funciona afrouxando a noção da sensibilidade que o indivíduo ainda mantém a respeito dos sinais de alerta. Propagandas maciças apregoam o prazer da bebida, com um discreto alerta que passa desapercebido: 'beba com moderação'. Dir-se-ia que é até um contrassenso ou uma ironia, pois a mensagem instigando o consumo já atingiu o consumidor à exaustão, principalmente o jovem, que acredita que precisa beber muito com os amigos para se sentir parte no grupo. É símbolo de status a 'latinha na mão' do jovem, ostentando que é 'descolado', é 'da hora', bebendo até perder a noção da linha sutil que separa o lícito do ilícito."

"O jovem alterado pela bebida, juntamente com seu grupo, sente-se corajoso, conquistador, torna-se audacioso, imprudente e, muitas vezes, irresponsável. Nesta situação, a condição para o consumo de drogas ilícitas e pesadas está apenas a um passo, e, então,

ele vai no embalo. É o amigo que oferece, é o traficante sorrateiro, é a droga ministrada na bebida por mal-intencionados. Quando o jovem já tiver 'passado da conta' para perceber o perigo, e os sinais evidentes da dependência química se manifestam, então os pais percebem o que está ocorrendo, e, via de regra, já é tarde demais para medidas preventivas."

O instrutor fez pequena pausa enquanto eu procurava assimilar suas observações. Em seguida, prosseguiu:

— Não queremos dizer que as "baladas", tão a gosto de nossa juventude, sejam locais perigosos. Certamente, muitos jovens também se divertem neste mesmo ambiente sem, entretanto, se envolver em perigosa sintonia, porque conseguem manter o campo vibratório mental da diversão saudável, permanecendo sem o exagero da bebida, a qual leva o indivíduo a perder o controle de si mesmo, vindo a ser presa fácil de irmãos menos felizes, encontrando neles a sintonia dos desejos libidinosos incontroláveis pela ação da bebida e das drogas, que afrouxam a retaguarda moral de cada um.

"Reconhecemos, entretanto, que a conjunção de fatores como bebida, ritmo alucinante da música e consumo de drogas funcionam como um catalisador de sensações agressivas e primitivas que afloram de forma incontrolável, escancarando as portas mentais para vícios perigosos, que trazem sempre em sua essência o componente da obsessão espiritual. Nossos irmãos desencarnados elegem seus companheiros pela sintonia vibratória do desejo inferior, das sensações desenfreadas, e os acompanham, exigindo cada vez mais de seus eleitos, para que eles, sem o corpo físico, também possam encontrar a satisfação que procuram no mundo da matéria, ao qual não pertencem mais."

Irmão Virgílio | Antonio Demarchi

O Sétimo Selo | O Silêncio dos Céus

"Dessa forma, aquele que imagina que está bebendo, é o bebido. Aquele que pensa que está fumando, é o fumado. Aquele que acha que está 'viajando' nas sensações do 'grande barato' da droga, é o viajado. Esse é um fator de extrema preocupação, pois o drogado não é apenas dependente químico-físico, mas também dependente químico-espiritual, pois tem, do lado de cá, um companheiro espiritual que se utiliza de seu corpo físico para satisfazer a própria dependência e angústia que se situa no campo mental e perispiritual."

"Por essa razão, é extremamente difícil reverter quadros graves e crônicos. Na maioria das vezes, além de lutar contra a própria dependência, o dependente tem a vontade própria anulada pelo companheiro espiritual que o obsedia. Muitos casos já ocorreram em que o dependente, num ato de loucura, é capaz de assassinar a própria família, e cometer outros atos tresloucados, para atender à vontade soberana que se impõe de forma avassaladora e incontrolável. E tudo isso começa de forma quase imperceptível, com a aparentemente inocente 'cervejinha' junto dos amigos."

Anotei, preocupado, as ponderações do instrutor, que, com um sinal, orientou-me, dizendo que partiríamos em virtude da demanda de outro posto de observação.

Partimos, em rápido deslocamento volitivo, para uma região bastante movimentada da capital paulistana. Era uma noite quente, e os bares da região posicionavam mesas de forma estratégica nas calçadas, de forma convidativa, onde jovens, em sua maioria, se deleitavam no consumo de bebidas, em meio a baforadas de cigarro, aspirando o fumo com prazer e sofreguidão.

As vozes alteradas indicavam que já haviam avançado muito mais do que deviam no consumo dos alcoólicos, encontrando-se em estado de consciência bastante alterado. Chamou a atenção um grupo de jovens que passava pela calçada, na maior algazarra. Bebiam aguardente de garrafas que portavam como se fossem um troféu precioso da masculinidade que desejavam ostentar. Tanto nas pessoas que se encontravam nos bares das calçadas quanto no pequeno grupo barulhento que passava, a presença e a influência nociva de irmãos desencarnados era flagrante.

Diante de meu silêncio, o instrutor esclareceu:

– *A morte desaloja o ser humano do corpo físico, Virgílio, mas não santifica a criatura. Infelizmente, um grande número de pessoas vive a vida de forma desregrada, entregando-se ao deleite e aos prazeres mundanos, sem qualquer preocupação com a ética e a moral, e os vícios fazem parte dos convites para transitarmos pela convidativa e traiçoeira porta larga. Outros se entregam aos prazeres do sexo irresponsável; outros, à brutalidade; outros, às banalidades da vida, simplesmente, sem qualquer preocupação de melhoria íntima e espiritual.*

"Mas, para todas as criaturas, sem exceção, chega a hora de deixar para trás o corpo pela ação da morte física e, quando aportam no 'lado de cá', a maioria encontra-se completamente despreparada para enfrentar a nova vida, principalmente aqueles que cultuaram o hábito do vício. O fumante inveterado se entrega ao desespero ao descobrir que não mais tem à disposição a tabacaria onde poderia adquirir sua marca preferida de cigarros. O beberrão descontrolado desespera-se ao perceber que sua bebida predileta não pode mais ser adquirida no boteco da próxima esquina. Todos são dependentes químicos que levam para o lado espiritual a angústia que se expande em seu corpo perispiritual com pesado ônus em seu inconsciente espiritual. Os dependentes

de drogas mais letais, como a maconha, a cocaína, o crack e outras mais, vão à loucura, na tentativa desesperada de encontrar a droga que venha atenuar o desejo incontrolado que corrói suas entranhas psíquicas. Muitos perdem o controle e a consciência de si mesmos, servindo como cobaias de espíritos mal-intencionados."

"Ao oferecer sintonia mental, sem se dar conta, enquanto satisfaz o próprio desejo, o encarnado, inconscientemente, obedece ao comando da mente invisível que o envolve de forma sutil e sorrateira, bebendo junto com ele, fumando com o companheiro que o elegeu, e drogando-se com o infeliz que o envolve numa simbiose extremamente perigosa."

A explanação do Instrutor Ulisses era esclarecedora e preocupante.

– Como isso é possível? – inquiri, preocupado. – O ser humano não tem defesa contra essas investidas?

O instrutor fez pequena pausa para, em seguida, responder com tristeza:

– O ser humano tem o livre-arbítrio, Virgílio, e isso nos permite a agir de acordo com a consciência e colher os frutos da semeadura. Por mais terrível que seja o espírito, ele jamais conseguirá atuar sobre a mente de alguém que não ofereça campo de atuação pela mesma sintonia vibratória. Dessa forma, se eles conseguiram envolver o encarnado sugando suas energias, aspirando o cigarro ou sorvendo a bebida na simbiose que observamos, é porque o próprio encarnado permitiu que isso ocorresse.

"Tudo começa nos primeiros goles, que logo em seguida levam ao entorpecimento dos laços fluídicos do corpo perispiritual pela ação da bebida, a qual, levada ao cérebro pela corrente sanguínea, *enfraquece o sistema nervoso central, transmitindo euforia ao indivíduo. É nesse momento que o espírito afim atua, pois o encarnado apresenta-se propenso a receber as sugestões mentais que o encorajam a beber mais e mais. Contribuem para esse estado de coisas, em primeiro lugar, as deformidades de caráter, as falhas morais e, em seguida, as influências do grupo de amigos, as facilidades aparentes do encorajamento provocado pela euforia, a farra e a alegria transitória e fugaz."*

"Quando Allan Kardec questionou, em O livro dos Espíritos, *se os espíritos influenciavam na vida dos encarnados, a resposta não deixou dúvidas: 'muito mais do que imaginais'. Tanto no aspecto positivo, quanto negativo. A todo instante o ser humano sofre influência dos desencarnados e até mesmo encarnados, mas é a própria criatura que elege para si mesma o tipo que a influência, de acordo com suas preferências e tendências morais."*

As explicações acertadas do Instrutor Ulisses eram oportunas e, sinceramente penalizado, olhei para aqueles jovens invigilantes, que consentiam, sem se dar conta, aos companheiros invisíveis compartilhar suas intimidades, invadindo espaços mentais de consciência, porque eles mesmos ofereciam sintonia vibratória de atuação.

Naquele instante, o instrutor chamou a minha atenção para observar o grupo de jovens que ainda caminhava pela calçada, carregando garrafas de diversas bebidas alcoólicas. Bebiam tudo com sofreguidão, quase em desespero.

A um sinal do instrutor, focalizei meu campo de visão na análise do que ocorria com aquele pequeno grupo barulhento.

As companhias espirituais que gravitavam na atmosfera daqueles jovens não eram muito diferentes das demais que observara nos grupos anteriores. Irmãos menos felizes de nossa esfera, envoltos em auras densas e de tonalidade escura, traziam nas fisionomias a degradação perispiritual. Espíritos que adquirem aspectos repugnantes e vampirescos plasmaram na forma das faces as deformidades morais do espírito. Deleitavam-se, sugando as energias e as emanações etílicas das auras dos jovens encarnados, as quais, por sua vez, também estavam envoltas em tonalidades vibratórias não muito diferentes daquelas dos desencarnados.

Difícil identificar, na simbiose estabelecida, onde terminava o campo energético de um e começava o do outro. A euforia extrapolava e era compartilhada com um agravante: os espíritos desencarnados, pela própria condição da invisibilidade e pela sintonia que havia entre os grupos, manipulavam os encarnados com facilidade, estimulando o consumo das bebidas aliado ao desejo de farra e bagunça.

As bebidas acabaram, mas os companheiros espirituais queriam prolongar ainda mais aquele estado de satisfação, envolvendo cada um dos encarnados com sugestões para que adquirissem mais bebida e a bagunça pudesse prosseguir.

Um dos integrantes do grupo, depois de sorver com seu companheiro desencarnado o último gole, estimulado psiquicamente, reclamou, com a voz pastosa:

– Olha só, cambada, assim não dá! Minha bebida já acabou! – exclamou, fazendo um gesto com a garrafa de cabeça para baixo. – Estão vendo? Nenhuma gota. Quem vai dividir comigo o resto da bebida?

Outro integrante do grupo, de forma solidária, se prontificou, meio cambaleante.

– Tome um gole de minha garrafa! Mas também está no fim. Precisamos comprar mais. Mas aonde vamos a esta hora? Nesses bares o pessoal não vai nos vender, o que fazer?

Um deles, que parecia um pouco mais sóbrio, apesar de bastante alterado, respondendo à sugestão espiritual do companheiro desencarnado, respondeu:

– Aqui embaixo mesmo, na Avenida Brigadeiro tem um supermercado que fica aberto vinte quatro horas. Vamos até lá comprar mais.

De forma mecânica, caminharam em demanda ao local indicado. O riso descontrolado e os passos pesados indicavam o estado de embriaguez dos jovens. Todavia, apesar de bastante alterados pelo efeito da bebida, quando se tratava de interesse do grupo, demonstravam que estavam no domínio do raciocínio lógico, quando um deles argumentou:

– O pessoal do supermercado não vai nos deixar entrar, porque não estamos bem. Podem nos barrar.

Foi quando uma ocorrência me surpreendeu: orientados por um dos espíritos que exercia a liderança do grupo de desencarnados, os outros espíritos, em esforço concentrado, envolveram seus protegidos encarnados, em forte corrente magnética. Aspiraram ao máximo as emanações etílicas que convergiam pela aura do corpo perispiritual, funcionando como um campo imantado que atraía para si as energias provenientes da bebida, direcionando a imantação na região do cérebro, especificamente no bulbo e no hipocampo. Como resultado, em poucos minutos, aqueles jovens aparentavam estar quase na mais absoluta normalidade, enquanto seus

Irmão Virgílio | Antonio Demarchi

companheiros espirituais se deleitavam de prazer pelo efeito da bebida exsudada por eles.

Experimentando a melhora repentina, os jovens adentraram o estabelecimento e, em poucos instantes, estavam novamente na rua, abastecidos para nova rodada de bebedeira, a que se entregaram quase imediatamente, com angústia e ansiedade.

Era triste e deplorável aquele quadro. Enquanto eu, amargurado, observava aquela cena, o instrutor complementou minhas observações:

– *É assim que funciona, Virgílio, quando as pessoas, invigilantes, se entregam ao vício, que no início se apresenta de forma discreta e imperceptível. Todavia, aos poucos, assume contornos mais sérios, para se agravar de forma gradativa. A situação é ainda mais preocupante quando a criatura não tem as amarras da moral, da vigilância e da oração. Nesse quadro, o vício adquire aspectos que o indivíduo não consegue mais controlar. Perde o comando da própria vontade.*

"Estes nossos irmãos desencarnados também são infelizes porque são viciados, obstinados e contumazes. Sem o corpo material, encontram na sintonia mental o campo propício de atuação e satisfação de seus prazeres, que não mais podem ter por falta do corpo físico. Dessa forma, encontram na obsessão doentia e obstinada o paliativo desesperado para alcançar seu objetivo, a satisfação de desejos descontrolados. Para obrigar seus tutelados a beber ou se drogar mais e mais, desenvolveram conhecimento e técnica que permite ao obsediado a uma melhora transitória e aparente, estimulando-o a consumir cada vez mais."

"É a dependência crônica, química e espiritual, que leva o ser humano à loucura, a atos de barbárie e irresponsabilidade

inconcebíveis para satisfação do vício, que assume contornos cada vez mais graves, levando o indivíduo à absoluta ausência de senso crítico e a atitudes sensatas. Na verdade, o viciado carrega consigo o pesado fardo da própria dependência e também de seus companheiros espirituais que o elegeram por conta da sintonia vibratória invigilante."

Tudo que ouvira do instrutor, e pudera observar naquela noite, deixava-me preocupado. Haveria solução plausível de curto ou longo prazo? Em resposta às minhas indagações mentais, o instrutor prosseguiu:

– Como já dissemos anteriormente, Virgílio, a humanidade atravessa um ciclo transitório evolutivo, deixando para trás a condição de "expiação e provas" para alcançar uma era mais adiantada que se denomina "regeneração". Assim, o ser humano que ainda gravita na tênue linha que separa os da direita ou da esquerda, do joio ou trigo, de cabrito ou ovelhas, terá de vivenciar esse momento solene e grave entre os quais transita a humanidade, definindo sua condição; assim, será efetivada a seleção daqueles que herdarão a Terra e daqueles que serão enviados para habitar um planeta primitivo.

"Jesus nos afirmou, nas bem-aventuranças, que os mansos herdarão a Terra, e João, o Evangelista, nos alertou, no Apocalipse, que no fim dos tempos as forças das trevas seriam soltas por pouco tempo[2] e elas viriam cheias de fúria, porque sabem que pouco tempo lhes resta.[3] Isso quer dizer que, neste final de ciclo, tem sido permitido o

---

2. Apocalipse, 20: 1-3. (Nota do Autor Espiritual)

3. Apocalipse, 12: 12. (N.A.E.)

reencarne, em massa, de espíritos com pesada carga espiritual, para uma última tentativa, servindo também como teste para aqueles que necessitam reafirmar sua condição de direitista."

"Por isso, nos dias atuais, o ser humano encarnado se assusta com a sucessão de acontecimentos inconcebíveis no campo da violência, da brutalidade, da bestialidade, do rancor, do ódio e do oportunismo, porque as vibrações que envolvem o planeta são originadas do somatório das mentes encarnadas e desencarnadas, e o homem de bem tem de perseverar e persistir para se equilibrar dentro dos parâmetros vibratórios do bem, do amor e da paz que se inicia dentro do nosso coração. Mais uma vez, João Evangelista nos alerta, no Apocalipse: "aquele que é sujo, suje-se ainda; aquele que é santo, santifique-se ainda, e aquele que é justo, justifique-se ainda.[4]"

Fez-se breve pausa natural, em que aproveitei para meditar nas ponderações do instrutor. Recordei acontecimentos absurdos ocorridos nos últimos anos, nos quais crianças perderam a vida, de forma bárbara e violenta, pelas mãos de facínoras inconsequentes, diante dos olhos atônitos e impotentes dos próprios pais. Filhos que tiraram a vida dos pais e pais que assassinaram os próprios filhos. Mães que jogaram seus filhos no lixo ou nos córregos imundos, como se fossem simplesmente objetos incômodos e imprestáveis. Nos dias atuais, o respeito pela vida parece não existir em muitos corações. A importância da vida ficou restrita a simples transações financeiras, no inconcebível comércio do sequestro humano ou simplesmente sem valor nenhum para aqueles que apertam o gatilho e tiram uma vida

---

4. Apocalipse, 22: 11. (N.A.E.)

a mais, o que se resume simplesmente a um gesto mecânico e sem sentido, que faz parte de estatísticas que aumentam assustadoramente a cada ano.

O Instrutor Ulisses sorriu tristemente diante de minhas lucubrações mentais.

– *Todos esses acontecimentos são muito peculiares deste momento que vive a humanidade, Virgílio. Conforme nos esclarece o Apocalipse, foi permitido o reencarne de espíritos que trazem o agravo das cargas negativas desde passados remotos, e já entendemos que as forças das trevas viriam cheias de fúria porque sabem que lhes resta pouco tempo. A atmosfera espiritual do planeta está densa, pesada e asfixiante pelo teor vibratório negativo do ódio, do rancor, da brutalidade e da sensualidade exagerada.*

"Por essa razão, João Evangelista alerta: 'Quem é sujo, suje-se ainda, e quem é santo, santifique-se ainda'. Quer dizer: diante da brutalidade que comove a opinião pública, diante da exposição maciça dos meios de comunicação, escrita ou visual, que exploram fartamente ocorrências lamentáveis, é comum, e até compreensível, o ser humano se envolver no sentimento de ódio e rancor, imaginando ser uma solução válida o combate do mal com o próprio mal. Mas é um teste, uma cilada. Todos nós devemos nos atentar à vigilância e à oração, para não cairmos na tentação."

"Vale dizer que o ser humano, atendendo ao alerta do Evangelista, tem de perseverar no bem para não se envolver em vibrações negativas e oferecer oportunidade de atuação para as forças das trevas, que encontram, nessas ocasiões, farto campo vibratório favorável à proliferação do mal. São louváveis os movimentos em favor da paz que têm envolvido milhares de pessoas que saem em passeatas,

mas não podemos esquecer que a paz começa primeiro em nossos corações. Jesus, o Divino Amigo, nos recomendou a edificar em nós mesmos o Reino de Deus, porque o Reino de Deus está em nossos corações. Neste período, reencarnaram espíritos embrutecidos para nos colocar à prova, onde será testada nossa fé, confiança em Deus, paciência, humildade e capacidade de compreensão e o perdão para não cairmos em tentação."

"Repito, espíritos que reencarnaram com pesada carga de energia negativa servem de instrumento às forças do mal que agem sorrateiras, manipulando as criaturas que têm a aparência humana, mas escondem terríveis deformidades espirituais, capazes de atitudes torpes e covardes, cuja característica é o ódio e a brutalidade gratuita. Temos que vigiar e orar!"

O instrutor quedou-se em silêncio meditativo e solene enquanto eu permaneci em atitude respeitosa. Pareceu-me que ele recebera, mentalmente, uma mensagem, pois assumiu atitude preocupada, enquanto me elucidava:

– *O tempo urge, Virgílio. Acabo de ser informado de algo terrível que está prestes a acontecer. Vamos, não há tempo a perder!*

Pela primeira vez, observei o semblante de preocupação do instrutor. Todavia, não era o momento de questionamar. Simplesmente, limitei-me a segui-lo e, em rápido deslocamento volitivo, partimos a um beco escuro de uma das vielas do Centro antigo de São Paulo.

Lá chegando, num rápido lampejo, percebi o palco dos acontecimentos que estavam prestes a se suceder. Em plena madrugada fria, dois mendigos se encontravam adormecidos, envoltos em cobertores, enquanto duas figuras sinistras esgueiravam-se pelas trevas, camuflados em denso e agressivo campo vibratório, tendo como companhia, do lado espiritual, espíritos da mais alta periculosidade, que encontravam naqueles irmãos encarnados perfeita sintonia para perpetrar a barbárie que tinham em mente. Tudo foi muito rápido, pois cada um trazia uma barra de ferro com a qual golpearam, de forma violenta e impiedosa, a cabeça daqueles irmãos infelizes, que sequer puderam esboçar um gesto de defesa diante da brutalidade e da violência que sofreram. Em seguida, como se nada tivesse acontecido, os agressores simplesmente saíram rápidos e sorrateiros.

Senti-me profundamente abalado diante daquela cena de crueldade extrema.

Observei, penalizado, aqueles corpos esquálidos e raquíticos, agora sem vida, estendidos na via pública. Não consegui conter as lágrimas e, em soluços, me questionei: como pode um ser humano agir de forma tão brutal e com tanta frieza no coração? A cena era injustificável e incompreensível.

O Instrutor Ulisses me abraçou, procurando me confortar, enquanto um irmão de nossa esfera, que se encontrava no local da tragédia, se aproximou. O Irmão Dulius acompanhara de perto o acontecimento e solicitara amparo por meio da oração, captada pelo Instrutor Ulisses, o qual me informou, no momento adequado, que esclareceria os pormenores da tragédia, informações que seriam oportunas para meus apontamentos e estudos.

Outros irmãos de nossa esfera chegaram para auxiliar no socorro das vítimas, colaborando no processo de desliga-

O Sétimo Selo | O Silêncio dos Céus

mento daqueles infelizes. Já refeito, procurei acompanhar o trabalho de socorro dos abnegados irmãos que envolviam os recém-desencarnados em intensas vibrações de energias que serviam como bálsamo.

Ato contínuo, foram recolhidos para a Colônia Irmão Nóbrega, onde teriam o acompanhamento espiritual em uma das unidades de terapia da colônia.

Observamos aquela equipe socorrista até desaparecer num raio luminoso no infinito cósmico, confundindo-se com milhares de estrelas que ainda cintilavam no firmamento. A madrugada ia avançada, e o horizonte começava a empalidecer, indicando que, em minutos, o astro-rei traria um novo dia para o ser humano.

Enquanto o Instrutor Ulisses transmitia orientações ao Irmão Dulius, afastei-me um pouco para observar o horizonte que começava a se tingir de rubro. Ainda sob o impacto da cena presenciada, fechei os olhos, em reflexão.

"Senhor!", pensei comigo mesmo, "*O Sol se levanta mais uma vez diante de sua bondade e infinita misericórdia! A cada noite, Senhor, sempre surge uma nova manhã luminosa e radiante, renovando o valor de cada dia, oferecendo ao ser humano uma nova oportunidade, para recomeçar! Por que, Senhor*", continuei em minhas divagações, "*ainda existem seres humanos portadores de tanta maldade e brutalidade?*"

"*As aves voam alegres no azul do céu, os pássaros cantam felizes no arvoredo e os campos se cobrem com o manto das flores a cada primavera. A chuva cai do céu e as plantas germinam no solo generoso! Toda natureza compreende e vibra na sintonia do amor universal, oferecendo à criatura humana os recursos de que necessita para sua renovação. Na natureza, a cada instante, tudo se modifica. A cada momento, tudo se transforma; e a cada manhã, tudo se renova na bondade do Criador, que, independentemente do ser humano, continua a nos cobrir com amor e vida!"*

"Infelizmente, ainda existem aqueles que seguem pela vida como passageiros distraídos e não percebem que o amor vibra ao seu redor e a bondade de Deus em tudo se manifesta. Outros ainda preferem viver, cultivar e vibrar na sintonia do lado escuro das inteligências ocultas que, neste final de ciclo, encontram farto campo de atuação para perpetrar atos de selvageria e brutalidade, porque encontraram aqueles que se comprazem no mal."

O Sol já se levantara no espaço, indiferente às mazelas da humanidade, trazendo luz e calor. O instrutor aproximou-se e, com um abraço afetuoso, chamou-me a atenção. Retornamos ao nosso domicílio, enquanto Dulius se comprometia a trazer-me os esclarecimentos necessários em momento oportuno, o que não tardaria.

Irmão Virgílio | Antonio Demarchi

Atitudes que fazem a diferença

$\mathcal{E}$ncontrava-me em trabalho de pesquisas na biblioteca Eurípedes Barsanulfo, quando recebi a visita do Instrutor Ulisses, na companhia de Irmão Dulius, e ambos me cumprimentaram carinhosamente.

– *Como está, Virgílio?* – perguntou-me o instrutor, demonstrando preocupação, possivelmente pelos acontecimentos da noite anterior.

Como simples aprendiz, sentia, muitas vezes, que não era merecedor da consideração de amigos tão elevados. Na verdade, tinha a compreensão, e isso me trazia grande conforto, pois os espíritos superiores nutrem, de forma muito natural, respeito por todos nós, que ainda estagiamos em condições de aprendizado. Uma característica marcante dos espíritos superiores é a simplicidade e o respeito a todos irmãos, sem distinção. São complacentes, bondosos, tolerantes e procuram agir sempre de forma parcimoniosa e sem afetação, para não intimidar nem humilhar aqueles que ainda não alcançaram as esferas de sabedoria em que se encontram.

Eles nos compreendem, porque, um dia, também estiveram na mesma condição que nos encontramos hoje. Valorizam o esforço no aprendizado do conhecimento, a melhoria íntima de cada um, o combate às imperfeições de que ainda somos portadores.

O Instrutor Ulisses acompanhava meus pensamentos, respondendo-me com a costumeira sabedoria e ponderação:

– *Ora, Virgílio, quem somos nós? Ainda temos muito que aprender, porque, no campo da bondade e do amor, Cristo é o sublime modelo, e diante Dele ainda somos crianças espirituais.*

Dulius sorriu com bondade, endossando as palavras do instrutor.

– *Ulisses está coberto de razão, pois, no campo do saber, também somos aprendizes, conscientes de que ainda estamos muito longe do divino modelo, mas nem por isso vamos perder de vista a trajetória evolutiva. No campo da evolução, o mais importante é saber que ainda somos pequenos diante da infinita bondade do Pai e que também falhamos num passado não muito distante. Exatamente pela consciência de que um dia também cometemos erros clamorosos é que devemos agir com compreensão e paciência com aqueles que ainda não superaram esse estágio.*

"Por essa razão, não podemos nos deter nas lembranças improdutivas de nosso passado delituoso, porque o espírito se redime e se dignifica à medida que se eleva na prática do bem, no exercício do amor, no perdão das ofensas, esquecendo o mal praticado, o qual permanece sepultado no esquecimento, em algum escaninho

da memória, e perde a importância à medida que o espírito se eleva. Todavia, todas as experiências, por mais perversas que tenham sido, servirão para nortear o espírito ao senso crítico da compreensão diante de irmãos que ainda gravitam na prática do mal e da violência. Disse-nos com propriedade e sabedoria o Divino Mestre: 'Aquele que dentre vós estiver sem pecado, que atire a primeira pedra'.[5]"

Diante das palavras de Dulius, meditei sobre a misericórdia divina que proporciona ao espírito infrator, a cada reencarnação, o esquecimento do passado. O espírito arrependido sucumbiria ao recordar os erros e as brutalidades cometidas, enquanto outros, que ainda não alcançaram a bênção do arrependimento, se revoltariam ainda mais. Pensei comigo mesmo: "em que momento o espírito poderia recordar toda extensão do seu passado sem que isso pudesse perturbá-lo?"

O Instrutor Ulisses complementou meus pensamentos, respondendo-me o questionamento:

– Atente para isso em suas anotações, Virgílio: a lei da evolução é inexorável. Jamais cansaremos de repetir o ensinamento de Jesus que sempre nos alerta de que: "quem não evolui pelo amor, evoluirá pela dor", ou seja, quando aprendemos a amar como Cristo nos ensinou, a perdoar, a nos entregar à prática do bem e da caridade, alcançamos importantes degraus da escala evolutiva pela alternativa do amor. Se, por outro lado, nos entregamos à indolência perniciosa, à preguiça, ao comodismo e à rotina dos maus procedimentos, não nos libertaremos dos sentimentos inferiores, do sentimento de inveja, da avareza, da maledicência, do

---

5. João, 8: 7. (N.A.E.)

rancor, da mágoa, do ódio e da brutalidade, restando apenas a outra alternativa de aprendizado, a dor.

Após breve pausa para minhas anotações, o instrutor prosseguiu:

– No breve espaço de tempo entre uma existência e outra, em que o espírito se encontra em estágio nas colônias de recuperação, sente-se fortalecido, porque as vibrações que envolvem a atmosfera dessas paragens espirituais são de amor, de equilíbrio, de bondade, de compreensão. Nessas condições, o espírito é o juiz de si mesmo, porque é a própria consciência que identifica onde falhou, os erros cometidos, o bem que negligenciou e as oportunidades que desperdiçou.

"Envergonhado, solicita a bênção de mais uma experiência reencarnatória, e seu pedido será analisado cuidadosamente, planejado com muito critério para que o espírito reencarnante seja alertado para não assumir compromissos superiores às suas próprias forças. Assim funciona a misericórdia Divina, pois o espírito infrator pode resgatar seu passado delituoso de forma suave, de acordo com as possibilidades de cada um."

"Todavia, quando na matéria, as vibrações são heterogêneas e antagônicas, e, todos os dias, o espírito reencarnado é submetido a provas e tentações constantes. O benfazejo esquecimento do passado permite que possa retomar suas lições do zero e recomeçar, mas, em sua consciência, está gravado o sentimento do compromisso assumido e do dever a cumprir. Contudo, na matéria, tudo é mais difícil, porque a maioria de nós ainda não conseguiu se desprender das mazelas milenares que ainda se encontram arraigadas em nosso instinto adormecido e, dessa forma, o comodismo e a indolência, a porta

Irmão Virgílio | Antonio Demarchi

larga da vida, nos leva mais uma vez a negligenciar os compromissos assumidos na espiritualidade."

"Os amigos protetores nos inspiram sobre a necessidade do bem, mas, via de regra, fazemos ouvidos surdos. Insuflam-nos ideias felizes, mas simplesmente as dispersamos e, assim, diante das tentações da matéria, adiamos mais e mais até que chega o momento em que recebemos a visita da dor, nos resgates coletivos, no acontecimento doloroso da perda de um ente querido, na fatalidade de um trágico acidente, na doença incurável, para que, em espírito, possamos despertar para a realidade da vida, da evolução espiritual, que é o destino de todos nós, seja pelo amor ou pela dor."

As palavras do Instrutor Ulisses traziam esclarecimentos que me ajudaram a reconhecer que a maioria de nós ainda se encontra entregue ao comodismo pernicioso, de forma que, lamentavelmente, é necessária a visita da dor para despertar em espírito.

Aqui, é a morte de um filho querido; acolá, é a perda de um ente muito amado; mais além, é o acidente fatal que mobilizou no leito alguém de nosso afeto; adiante, são as tragédias coletivas que ceifam muitas vidas de uma só vez, levando à comoção pública questionamentos diante da fatalidade. Infelizmente, são irmãos que reencarnaram para evoluir pelo amor, mas não ouvem os reiterados chamamentos, esqueceram os compromissos assumidos na espiritualidade e, dessa forma, resta apenas o recurso da dor para que o espírito possa despertar para a realidade. Porque a vida é frágil e tudo passa muito rápido.

Dulius acompanhava meu raciocínio e, confirmando as palavras do instrutor, procurou trazer luz ao episódio que acompanhamos na noite anterior.

– Infelizmente, é assim que costuma ocorrer na maioria dos casos, Virgílio. Quando ainda se encontra na condição de inquilino temporário das colônias espirituais, o espírito se arrepende das falhas cometidas e, com o coração transbordando de boas intenções, solicita nova oportunidade reencarnatória, na qual propõe, por desejo legítimo, se recompor com desafetos do passado, reparar o mal praticado anteriormente, retomar o bem negligenciado no passado, ser bom, caridoso, paciente e compreensivo.

"Os instrutores encarregados do planejamento reencarnatório analisam cada petição e, juntamente com os mentores responsáveis, ponderam sobre a missão que cada um pode assumir, o que, via de regra, reduz drasticamente as pretensões das reencarnações, restringindo-as ao básico, de acordo com as possibilidades de cada um. Porém, quando desperta na matéria, a maioria de nós tem dificuldade para cumprir o mínimo do que propomos no plano espiritual."

"Em vão, os amigos espirituais envidam chamamentos e inspirações se o protegido simplesmente os ignora. A indolência, o comodismo e as tentações da matéria fazem com que muitos se distanciem da rota originalmente traçada por ocasião da reencarnação."

"Em outros casos, é a doença que nenhum facultativo encontra solução, é a perda do ente amado, é a tragédia mais dolorosa que permite, no momento de dor e desespero, buscar solução na casa de oração: o caminho esquecido de sua missão. Cessada a causa, cessa o efeito. O Evangelho e a reforma íntima são o melhor remédio para as perturbações mais graves. O doente reencontra a saúde nos passes e tratamentos espirituais e, com ela, o conhecimento da Boa-Nova do Cristo, despertando para suas responsabilidades."

Irmão Virgílio | Antonio Demarchi

"Entretanto, é muito triste verificar que existem aqueles que só acordam após a visita da dor maior, como a perda de um filho, de um irmão, da esposa ou do esposo. É uma pena que muitos de nós ainda esperem pela dor, quando muitos sofrimentos e dissabores poderiam ser evitados se nos dispuséssemos à prática do amor, do perdão e da caridade. Esse foi o caso dos irmãos assassinados de forma bárbara na noite de ontem."

"Em agosto de 1572, o então rei da França Carlos IX, sob a influência de sua mãe, Catarina de Médicis, ordenou a eliminação dos Huguenotes (protestantes franceses), na fatídica 'Noite de São Bartolomeu', quando foram massacrados de forma brutal milhares de protestantes em uma das mais tristes páginas da História, na qual a Santa Inquisição, em nome de Deus, praticou as mais tristes cenas de barbárie e brutalidade. Muitos dos responsáveis por aquela tragédia se arrependeram e se prepararam para o resgate, outros ainda continuam endurecidos no mal e fazem parte das hostes trevosas da Inquisição, que ainda gravitam na sintonia vibratória do mal."

"Daqueles que se arrependeram, uma parte se preparou no fortalecimento espiritual com determinação sincera para encarar provas difíceis na carne e, dessa forma, tem sido patrocinado reencarne de irmãos portadores de deficiências congênitas, que, apesar das limitações físicas de corpos defeituosos, têm dado exemplo de superação espiritual. A escolha é sempre do espírito, que tem o livre-arbítrio, e, quando preparado, a espiritualidade superior permite que esses irmãos reencarnem na condição de entrevados, excepcionais e com outras limitações físicas, como forma de superação e reparação pela dor do mal praticado no passado."

"Todavia, como vivenciamos a grande transição planetária, em que já se processa nos planos superiores a grande colheita, quando será separado o joio do trigo, têm reencarnado, nas últimas décadas, espíritos endividados, ainda renitentes ao próprio progresso e, dessa forma, nas grandes tragédias, têm ocorrido resgates coletivos."

Ultimamente, no planeta, assistimos, bastante preocupados, à ocorrência de maremotos gigantescos, abalos sísmicos descomunais, furacões terríveis, nevascas avassaladoras, tragédias aéreas em que milhares e milhares de vidas têm sido ceifadas em resgates coletivos dolorosos. Os tempos são chegados, trazendo consigo catástrofes assustadoras para que o homem desperte sua consciência, mude sua postura íntima. Como já dissemos e temos insistentemente repetido, a escolha é sempre nossa: ou pelo amor, ou pela dor."

Enquanto fazia minhas anotações, diante das ponderações preocupantes do Irmão Dulius, já adiantava meus pensamentos, tentando entender a tragédia daqueles infelizes irmãos de rua, assassinados com tanta brutalidade. Acompanhando meus pensamentos, Dulius prosseguiu:

– É o caso dos irmãos que ontem perderam a vida física de forma bárbara. São dois irmãos que pertenciam à mais alta nobreza da corte francesa e que, na Noite de São Bartolomeu, abusaram da violência, assassinando muitos protestantes, brutalmente, com requintes de crueldade. Ainda eram jovens, e o próprio mal praticado, o excesso de violência, as cenas de selvageria foram o antídoto contra o próprio mal cometido. Aquelas cenas ficaram gravadas para sempre na mente dos irmãos Germaine e Pierre e, ainda no final daquela existência, o remorso os corroía mentalmente. Já se encontravam envelhecidos e alucinados, pois as visões e as perseguições de inimigos espirituais

Irmão Virgílio | Antonio Demarchi

O Sétimo Selo | O Silêncio dos Céus

não lhes davam tréguas. Não conseguiam mais dormir, e os pesadelos eram constantes. Buscaram o recurso da confissão, fizeram grandes doações à Igreja e obtiveram indulgências, mas nada pôde lhes trazer a paz de espírito que tanto desejavam.

"Para o espírito culpado, quando toma consciência do mal praticado, o arrependimento é o primeiro passo, mas com o arrependimento vem o sentimento de culpa, e, com o sentimento de culpa, a autopunição, e juntamente com a autopunição, as perseguições implacáveis dos inimigos que não perdoaram. Dessa forma, após o desencarne, sofreram terrivelmente no umbral, até que a misericórdia divina permitiu nova reencarnação, em provas dolorosas, portadores de terríveis aleijões na própria França. As provas são instrumentos valiosos para a evolução espiritual, se o espírito aceita sem revolta."

"Não foi o que aconteceu com os irmãos Germaine e Pierre. Como já foi dito anteriormente, quando no plano espiritual, o espírito sente-se fortalecido pelas vibrações amigas e harmônicas, mas na carne é diferente. Sentiam, no íntimo, a condição da nobreza de outrora e, diante das dificuldades e das limitações orgânicas, revoltaram-se, e, apesar das valiosas lições aprendidas na carne, o desencarne dos irmãos aconteceu de forma lastimável. Novamente, na erraticidade, recobraram a consciência e, após longos lustros de sofrimento, foi-lhes concedida nova oportunidade reencarnatória, agora em terras brasileiras, nascendo novamente como irmãos em família paupérrima e, desde a infância, experimentaram as dificuldades materiais, além de saúde frágil."

"Todavia, esta seria uma experiência saudável, na qual deveriam lutar contra as limitações físicas, e, sofrendo os rigores da

83

pobreza, haveriam de levar uma vida modesta, porém com honestidade. Naturais de uma das regiões mais pobres do Nordeste, vieram com a família para São Paulo, tentar a sorte, mas, aqui chegando, se depararam com grandes dificuldades. O pai, que nos últimos tempos se entregou à bebida, um dia simplesmente desapareceu, sem deixar rastro. Para piorar ainda mais as coisas, ocorreu a morte da mãe, que saía para o trabalho de diarista para sustentar a família. Um dia, quando retornava para o casebre onde moravam, foi vítima de um atropelamento, e os irmãos, desorientados, passaram a vagar pelas ruas como molambos, abandonando à própria sorte o irmão menor, de apenas quinze anos de idade. Nunca mais retornaram nem se preocuparam em saber notícias do irmão abandonado. Vagaram anos a fio pelas ruas, mendigando, bebendo, adquirindo o vício de drogas perigosas e baratas,[6] dormindo ao relento e sofrendo as privações das ruas."

"O Evangelho do Cristo nos alerta 'Ai do mundo por causa dos escândalos, porque é necessário que venham os escândalos, mas ai do homem por quem o escândalo venha.'[7] A violência atinge níveis alarmantes neste ciclo de transição, com o reencarne de espíritos que estão na sintonia da brutalidade, e o mundo se tornará cada vez mais violento, mas ai do homem por quem a violência venha. Esses irmãos resgataram, pela dor da violência sofrida, o mal praticado no passado, porque negligenciaram as oportunidades recebidas. Entretanto, aqueles que praticaram o crime levam consigo o agravante terrível da brutalidade cometida, porque cultivam e vibram

---

6. Irmão Dulius se refere ao "crack". (N.A.E.)
7. Mateus, 18: 7. (N.A.E.)

Irmão Virgílio | Antonio Demarchi

na sintonia ardilosa do mal que prolifera no globo terrestre, tanto no campo físico quanto no espiritual."

Irmão Dulius finalizou a narrativa daquele triste episódio. Compreendi que aqueles irmãos não necessariamente teriam que desencarnar daquela forma, se não tivessem mais uma vez negligenciado os compromissos assumidos. Entretanto, outra questão me intrigava: Dulius havia mencionado o irmão de quinze anos de Germaine e Pierre. Qual teria sido seu destino?

O generoso amigo sorriu, benevolente, possivelmente prevendo meu questionamento.

– As atitudes das pessoas fazem grande diferença, Virgílio, esse é o grande segredo. Enquanto existem aqueles que diante de um acontecimento triste se desesperam e se entregam à revolta improdutiva, outros aproveitam as adversidades para conquistar forças e superar as deficiências. Voltamos a repetir: a atitude das pessoas é o que faz a diferença e muda o próprio amanhã. Aquele que foi abandonado, seguiu por um caminho diferente: procurou trabalho e angariou simpatia de pessoas de boa índole que se apiedaram dele, oferecendo auxílio. Um dos vizinhos, que era pedreiro, ao verificar que o rapaz fora abandonado e ao perceber a disposição para o trabalho, deu-lhe abrigo, com a condição de que estudaria à noite e durante o dia seria seu ajudante.

"Para resumir a história, o rapaz cresceu, estudou e entrou para o Corpo de Bombeiros, o que era seu sonho de vida. Hoje, é um cidadão respeitável a serviço do bem, salvando vidas. São exemplos assim que o ser humano necessita nos dias atuais, em que proliferam políticos inescrupulosos, gestores públicos espertalhões, pessoas investidas de autoridade e que têm o poder de mando e abusam das funções,

contribuindo para um mundo de adversidades e injustiças e que, certamente, responderão no futuro, de forma dolorosa, buscando os resgates necessários ao reequilibro do próprio espírito."

A ponderação de Dulius era pertinente e chamou-me a atenção aquelas palavras: a atitude faz a diferença. Solicitei ao bondoso amigo que pudesse se aprofundar um pouco mais no tema.

Com um sorriso compreensivo, ele não se fez de rogado.

– *É de senso comum, Virgílio, as pessoas dizerem: "o amanhã a Deus pertence". Nada mais justo e sábio, porque o futuro realmente pertence ao Criador. Entretanto, não podemos simplesmente cruzar os braços e ficar na vã expectativa de que tudo irá acontecer num passe de mágica e o Maná venha cair do céu. O que fazemos hoje refletirá em nosso amanhã: se plantamos boas sementes, amanhã germinarão e colheremos bons frutos. Se hoje semearmos espinhos, amanhã colheremos os mesmos espinhos de nossa semeadura de ontem.*

"Deus, em Sua justiça, bondade e misericórdia, não pune nem privilegia quem quer que seja. Poderemos contribuir para melhorar nosso futuro, dependendo apenas de nossas atitudes no dia de hoje. Atitudes positivas, como o estudo do jovem que se prepara, construindo um amanhã com melhores perspectivas. Quando um profissional faz um curso de especialização, está se preparando e edificando um futuro mais promissor. Quando a moça, em vez de retornar para casa no fim do dia, vai para uma faculdade ou frequenta um curso de línguas, está plasmando futuro melhor para si mesma e assim por diante."

"Por esse motivo, podemos garantir: a atitude é o que faz a grande diferença na vida. Pessoas corajosas, esforçadas, decididas

e confiantes terão mais oportunidades de sucesso na vida, porque suas atitudes são positivas. O inverso também é verdadeiro, pois as pessoas medrosas, as preguiçosas, as acomodadas e as indecisas jogam contra o próprio patrimônio, complicando seu futuro, porque preferem a omissão e o comodismo às atitudes que exigem esforço pessoal."

Pensativo, recordei um episódio com moradores de rua, em que Irmã Marcelina convidava um grupo de necessitados para uma oportunidade de trabalho. Embora o grupo fosse de uma dezena ou mais, apenas três atenderam ao convite e mudaram o próprio destino. Os demais continuaram como molambos, embaixo de pontes e viadutos, sujeitos ao rigor das intempéries e dependentes da piedade pública.[8]

Seguindo minha linha de raciocínio, Irmão Dulius complementou:

– Sua observação é oportuna, Virgílio, e só vem fortalecer a tese de que a atitude é o que faz a diferença. Naquele grupo numeroso de pessoas – disse referindo-se ao episódio por mim lembrado –, por que apenas três se interessaram e se dispuseram a se levantar e partir em busca de algo diferente em suas vidas, atendendo ao convite de Irmã Marcelina? Sem sombra de dúvida, foi a atitude que os diferenciou dos demais. Eles mudaram suas vidas, enquanto os demais continuaram na miséria e na mendicância, perambulando pelas ruas sem destino nem objetivo.

"Todavia, Virgílio, nunca é demais repetir que a vida é uma grande escola, cujas salas de aula jamais deixamos de frequentar até que tenhamos aprendido todas as lições relativas à evolução do espírito.

---

8. O autor espiritual referere-se ao episódio narrado no livro *Anjos da caridade*. São Paulo: Petit Editora, p. 105. (N.M.)

A rua é uma grande sala de aula, em cujas carteiras de aprendizado jazem alunos teimosos no difícil aprendizado, na lição da dor e do sofrimento, em busca da humildade do espírito. As lições das ruas sempre nos surpreendem, Virgílio, pois encontraremos nobres da Idade Média que ainda vivem de forma inconsciente no passado da opulência, sem entender as dificuldades do momento. Guerreiros e generais acostumados ao mando impiedoso, agora vestidos de andrajos, resgatam na dor as tropelias do passado. Inquisidores cruéis, que mataram e feriram em nome de Deus, agora sofrem no corpo o açoite do vendaval do abandono. Todos estão no resgate doloroso das provas angustiantes das ruas, enfrentam os desmandos de outrora."

"Vale dizer, entretanto, que, diante do irmão sofrido e necessitado, podemos sempre estender a mão, oferecer o lanche, o prato de sopa, o chocolate quente e o cobertor das noites frias, procurar fazer sempre o melhor para minorar o sofrimento, mas ter sempre o cuidado para não interferir no seu livre-arbítrio. Não podemos derrogar as lições que representam o aprendizado necessário ao espírito imortal e, conquanto muitas vezes gostaríamos de oferecer oportunidades de melhoria, nem sempre seremos compreendidos diante da própria falta de vontade e da suposta liberdade que a via pública oferece."

Fiquei em silêncio, meditativo.

Experiências como estas temos vivido nos últimos tempos, no aprendizado que o palco da vida nos reservou, juntamente com um pequeno grupo de trabalhadores de boa vontade no auxílio a moradores de rua. Temos acompanhado esses irmãos, observado e aprendido muito. Conscientes de que não serão solucionados de imediato os problemas do mundo e aquele auxílio não será solução definitiva, procura-se levar, de alguma

Irmão Virgílio | Antonio Demarchi

forma, um pouco de alento e conforto a esses irmãos que vivem tão dolorosas experiências. Além do auxílio mencionado, procura-se respeitar sempre a vontade do próprio interessado, que sempre será, em última instância, o fator determinante diante de uma tomada de posição.

Irmão Dulius complementou meu arrazoado mental.

– *Tem razão em suas ponderações, Virgílio. Cada espírito vive sua experiência pessoal, única e intransferível em sua trajetória rumo à evolução, e a ele, somente a ele, compete levar a cruz dos encargos que atraiu para si mesmo em suas andanças e, por essa razão, sempre responderá por seus atos no exercício do livre-arbítrio. Entretanto, como nos recomenda o Evangelho, a nós compete a mobilização dos recursos, a boa vontade e a mão estendida, aliviando sempre de alguma forma o sofrimento do próximo, estimulando, com palavras encorajadoras, sem ferir nem humilhar o irmão caído, respeitando as diferentes crenças, etc.*

Breve pausa se estabeleceu de forma natural e, enquanto ordenava meus apontamentos, o Instrutor Ulisses, que acompanhava atentamente as ponderações de Dulius, complementou a explicação com preciosos ensinamentos, os quais anotei com a atenção de discípulo.

– *Reafirmando as palavras de Dulius, podemos enfatizar que, no transcurso da vida, tudo depende das atitudes assumidas no dia a dia, cujo resultado o espírito pode avaliar apenas no fim da existência, com a precisão, o peso e o impacto de uma atitude tomada no passado. É um momento solene aquele em que o espírito se despede da existência material e que, em breves segundos, faz o balanço dos ganhos e perdas de sua existência, no qual avalia tudo em sua vida.*

"*Naquele instante, tão grave, diante do tribunal da própria consciência, o espírito avalia e chora, arrependido, ao reconhecer aquela atitude infeliz do passado, que já não tem mais remédio, porque é tarde demais! A atitude firme do perdão nos traz benefícios incalculáveis. A atitude decisiva na prática do amor e da caridade, pacífica e ponderada, compreensiva e tolerante representam importantes ganhos no crédito da contabilidade espiritual, porque, a todo instante, somos chamados a tomar atitudes decisivas que dependem unicamente do indivíduo e que farão a diferença no resultado final.*"

Ao ouvir as palavras do instrutor, ponderei este fato, muito mais comum do que inicialmente se imagina. Quando chega o momento em que o espírito reencarnado deveria atender aos chamamentos, é usual a falta de atitude e de vontade. Procura-se sempre justificar o comodismo, a falta de vontade, de coragem, porque sempre encontramos justificativas quando não desejamos fazer algo. Devemos estar atentos para não cair nessa armadilha denominada indolência, comodismo e preguiça. O tempo passa célere, e, quando percebemos, mais uma existência se foi, e, novamente, nos encontramos na antessala espiritual, o petitório do arrependimento tardio, em que nos juntamos a irmãos acomodados na interminável fila das reencarnações sucessivas, porque, simplesmente, desprezaram oportunidades valiosas, jogando fora o precioso tempo, que não volta jamais.

Com um gesto de concordância, o instrutor complementou meus pensamentos.

– *É exatamente pela falta de determinação e atitude que o espírito negligencia os compromissos assumidos a cada reencarnação. De forma obstinada e protelatória, adia sua elevação espiritual à mesma medida que o tempo escoa. Neste período de transição para a Nova Era, não existe mais tempo para os indecisos nem para os acomodados, nem para os preguiçosos. Aquele que não acordar pelo amor, será fatalmente surpreendido pela dor. Os tempos são chegados. O tempo urge.*

As palavras do instrutor calaram fundo em meu coração, soando como uma solene e grave advertência. Recordei as palavras do Divino Mestre que nos exortava: *"Aquele que tiver ouvidos de ouvir que ouça."*

Assembleia nas Trevas

Segundo me informou o Instrutor Ulisses, iríamos, em excursão, às regiões intermediárias do umbral, para acompanhar uma importante reunião que estava marcada. Seria de suma importância que eu pudesse acompanhar, para registrar o conteúdo discutido. Era um local onde eu já estivera anteriormente, disse-me o instrutor, embora o evento agora fosse mais grave e solene.

Quando ocorriam essas excursões, os componentes da caravana eram irmãos graduados que acumulavam longa experiência em tarefas dessa ordem, porque iríamos penetrar em território dominado pelas trevas, onde mentes inteligentíssimas detêm o comando por meio sintonia mental e subjugam, com a força da atração mútua, aqueles que lá estavam. Dessa forma, antes de a caravana partir para a missão, tudo era previamente planejado.

Apenas trabalhadores experimentados participariam, e, apesar de ter acompanhado as missões anteriores, era o caçula do grupo, e, por isso mesmo, objeto de atenção por parte dos mais experientes. O Instrutor Ulisses acompanhava-me de perto, sempre com orientações oportunas.

Já era quase noite quando partimos em demanda ao nosso destino. Ao adentrarmos regiões mais escuras, apesar de nossa vibração elevada, não deixei de registrar a pesada densidade do ambiente, identifiquei imediatamente a mesma vibração de agressividade e violência que registrara na crosta terrestre, nos estudos daquele fim de semana.

Chegamos a um campo íngreme, onde proliferava vegetação rasteira, contrastando, muitas vezes, com árvores retorcidas, sufocadas por cipós e outros vegetais parasitas. Grupos de desencarnados se apresentavam enlouquecidos pelo desejo sexual a transpirar em seus corpos perispirituais, que apresentavam deformidades na região do centro de força genésico. Notei que, no meio daquela turba alienada, alguns pareciam observar atentamente cada um de forma estranha. Observei que havia espíritos diferenciados aos demais, com objetivos definidos, e que sabiam exatamente o que deviam fazer e como. Isso me chamou a atenção, pois, após analisar um determinado grupo de alienados, elegiam aqueles que lhes eram convenientes e os conduziam para outras paragens, que no momento não tinha ideia de onde fosse. Surpreendeu-me, pois eram tangidos como um rebanho desprovido de vontade própria, sem oferecer nenhuma resistência, com os olhos inquietos, ignorando o que ocorria. Ante meu questionamento, o instrutor trouxe-me a elucidação necessária.

Irmão Virgílio | Antonio Demarchi

O Sétimo Selo | O Silêncio dos Céus

– É importante ressaltar, Virgílio, que o sexo faz parte da vida. O Criador nos colocou no mundo para a evolução, e o sexo é parte integrante dessa evolução. Os órgãos sexuais se manifestam desde as plantas, e, por meio do gineceu e do androceu, a proliferação da espécie se completa no ciclo reprodutivo das flores. Também está presente nos invertebrados e nos insetos mais ínfimos, porque faz parte da natureza. Nos animais irracionais, manifesta-se de forma instintiva, mas ordenada, de forma que procriam no momento adequado, garantindo a preservação das espécies.

"O grande problema da humanidade é que, ao longo da história, as religiões criaram tabus e, em cabeças desvirtuadas, estes tomaram proporções que deformaram o caráter de muitas mentes fracas. Para muitos, ainda, o sexo é algo ignóbil e pecaminoso. Sexo nunca foi pecado e jamais o será, quando praticado de forma equilibrada, com responsabilidade e amor. Sexo é uma fonte de energia saudável, quando praticado no sagrado recanto do lar, pelo casal que se ama e se respeita e, por essa razão, dois tornam-se apenas um no ato de amor. Sexo é energia, é paz, é saúde, é equilíbrio e harmonia."

"Assim deveria ser com o ser humano, que já alcançou o livre-arbítrio, o conhecimento e a razão. Da mesma forma que os vícios dos tóxicos transformam-se em doenças perigosas e criam dependência física, química e espiritual, o sexo desvirtuado e praticado de forma promíscua e irresponsável traz pesados agravantes aos seus praticantes. Como já observamos nos casos de dependência química, existe sempre o componente espiritual obsessivo; no caso do sexo, ocorre o mesmo fator."

"O sexo praticado com leviandade e irresponsabilidade traz perigosas doenças físicas e mentais, passando a ser um tormento obsessivo mórbido ao indivíduo desatento, chegando a casos de compulsão doentia em que o homem, ou a mulher, enlouquece na prática tresloucada do desejo sexual constante e insaciável. Quando o indivíduo chega nestas condições, já está em estado de dependência física e mental, além de manifestar obsessão terrível, que leva a criatura à prática de desatinos lamentáveis e inconcebíveis. Tudo isso é muito perigoso, pois a porta para obsessões de natureza grave começa pelo desvirtuamento do sexo, que ainda é o ponto fraco de muitos de nós."

"Missionários e trabalhadores passam rotineiramente pela tentação do sexo, e, infelizmente, muitos ainda caem fragorosamente, porque, na invigilância, não resistem aos envolvimentos mais sorrateiros. Há festas nacionais, em que, à conta de diversão e folclore, jovens se entregam à bebida e ao sexo desenfreado, envolvidos pela vibração sensual que transpira de cada corpo suado, enquanto, no lado espiritual, espíritos ainda atrelados às sensações carnais envolvem essas pessoas, que não oferecem resistência, pois, afinal de contas, é carnaval, é diversão, e tudo é permitido. Alguém poderá até contestar, alegando que existem brincadeiras sadias no carnaval, com o que concordamos. Mas não é exatamente da brincadeira sadia que estamos falando."

"Alertamos para algo mais grave de que a maioria das criaturas não se deu conta. Gravitam em torno da atmosfera terrestre vibrações de forte apelo à libido e sensualidade que explodem no período de carnaval, quando as pessoas já apresentam predisposição à sensualidade. O resultado já sabemos, porque acompanhamos, do lado de cá, o número de abortos nos meses posteriores ao período da folia. A prática do sexo desvirtuado gera desequilíbrio, doença, compulsão e dependência. Muitos, quando chegam no mundo espiritual, trazem

Irmão Virgílio | Antonio Demarchi

no corpo perispiritual as marcas de um verdadeiro inferno rotulado de amor, e alguns apresentam deformidades mentais e genitais de acordo com o grau de envolvimento nos abusos e desatinos cometidos contra si próprios."

"Nessas regiões, estagiam espíritos atormentados pela prática do sexo desequilibrado, sofrendo as tormentas do desejo insatisfeito que os persegue depois da morte. Nesta situação, são alvo de manipulação fácil e, dessa forma, são aliciados por aqueles que têm planos definidos de atuação na crosta e os utilizam como instrumentos inconscientes a serviço das forças negativas que atuam entre os encarnados desatentos e invigilantes. Anote, Virgílio, porque queremos alertar particularmente os dirigentes espíritas, os responsáveis por trabalhos fraternos de qualquer religião e aqueles que têm a missão de dar exemplos, para que estejam sempre atentos na vigilância e na oração, pois surgirão tentações no dia a dia, nos locais menos esperados, para que, diante da difícil prova da resistência moral, o indivíduo venha a naufragar de forma fragorosa."

"O sexo desvirtuado representa, para todos nós que ainda gravitamos na atmosfera terrestre, uma perigosa porta para quedas formidáveis, particularmente nesse período de transição que atravessamos. Por essa razão, alertou-nos João, o Evangelista. Não basta conhecer o Evangelho e toda as Obras Básicas de Allan Kardec. Não basta fazer pregações nos templos, nas igrejas e nas praças públicas. É necessário que estejamos prontos para o testemunho diante das tentações da vida e perseverarmos com o Cristo, porque, só assim, haveremos de herdar a Terra."

As palavras do instrutor soaram como grave advertência, que registrei com cuidado em meus apontamentos. Todavia, como a caravana seguia em frente e já adentrávamos outra região, fiquei atento ao novo palco que se descortinava em nossa frente.

A densa cortina de neblina escura que envolvia o ambiente não nos representava empecilho, pois, em função de nossa condição vibratória diferenciada, alcançávamos largo campo de visão à medida que focávamos nossa atenção, de forma que podíamos identificar adequadamente o terreno extremamente acidentado, a vegetação retorcida, que parecia envolta em espessa fuligem, e o pântano ao redor de enorme campo, que se assemelhava a areia movediça e lamacenta.

Um grande grupo de espíritos, em alto estado de perturbação e brutalidade, passava ao nosso lado, proferindo impropérios enquanto se agrediam de forma violenta. Palavras chulas e de baixo calão soavam no espaço, entre risos irônicos e debochados, enquanto gemidos, imprecações e lamentos eram ouvidos a distância.

Aos poucos, adentramos em regiões mais escuras que exalavam odor fétido, típico de pântano, e continham águas putrefatas e materiais em decomposição. Focando com mais atenção, pude identificar, no meio do lamaçal, formas distorcidas que se moviam, confundindo-se com a lama escura, como se fizessem parte daquele estranho quadro dantesco.

Ao identificar o objeto de minha atenção, o instrutor convidou-me a aproximar um pouco mais daquele local enquanto a caravana prosseguia em sua jornada, aprofundando-se mais na escuridão.

– *Não se preocupe* – disse-me ele –, *assim que concluirmos seus apontamentos os alcançaremos, pois já estamos próximos de nosso destino.*

Irmão Virgílio | Antonio Demarchi

Diante da oportunidade que se apresentava, não me fiz de rogado. Aproximei-me mais e, estarrecido, identifiquei em meio ao lamaçal um grande número de espíritos que se contorciam, enquanto um discreto zumbido se fazia ouvir, proveniente dos sussurros que emitiam, de forma quase inaudível. Orientado pelo instrutor, ampliei meu campo sensorial para melhor ouvir e então pude identificar gemidos, lamentos, revolta e imprecações. O odor exalado daquela região era forte, quase asfixiante, repugnante e nauseabundo.

Observei que aqueles espíritos se confundiam com a lama escura, contorcendo-se, procurando de forma instintiva, libertar-se daquele visgo fétido que os parecia aprisionar. Alguns se apresentavam com os braços atrofiados e o corpo esguio, à semelhança de répteis, emitindo sons guturais e sibilantes, como manifestação de revolta e ódio que os invadia. Não identifiquei em nenhum deles pensamentos de arrependimento ou pedido de auxílio, apenas uma revolta surda e incontida, apesar do estado de semiconsciência em que se apresentavam.

Como entender a situação daqueles infelizes irmãos em estado tão deplorável na condição espiritual? Não aprendemos que o espírito não involui? E o que havia naquela região de trevas onde a natureza ao redor se apresentava tão triste, com vegetação ressequida, rasteira e toda retorcida?

O Instrutor Ulisses prontamente trouxe-me os esclarecimentos solicitados.

– *O espírito é imortal, Virgílio, e seu progresso é inexorável ao longo dos milênios incontáveis. Como já dissemos, seja pelo amor ou pela dor, o espírito avança e, ainda que em alguma existência* tenha praticado descalabros que, aparentemente, desmentem a evolução, pois, na simples análise de uma existência para outra podemos cometer esta falha em razão do curto espaço de tempo que analisamos, quando ampliamos o leque do espaço, veremos que mesmo nas mais fracassadas experiências, o espírito jamais deixa de aprender.

"Todavia, não podemos esquecer que, embora o espírito não involua, sua forma perispiritual se degrada de acordo com a maldade que praticou, o ódio que cultivou, o rancor que espalhou e a brutalidade que agasalhou em si mesmo. Todas as nossas atitudes, ações e os nossos pensamentos refletem em nós mesmos. Nossa mente emite ondas energéticas através do pensamento, e já sabemos que nosso pensamento é energia eletromagnética, que se irradia sem barreiras pelo espaço, entrando na sintonia que lhe é específica, de acordo com o teor vibratório deste pensamento. Assim, o espírito que odiou, perpetrou crimes hediondos, que se brutalizou nas atitudes, desviou recursos em detrimento dos menos afortunados, que se entregou à sensualidade promíscua, ludibriou, iludiu e mentiu, quando desencarna, e chega até aqui, percebe, estarrecido, que todo mal praticado refletiu neles próprios, por meio das deformidades que se apresentam na contextura delicada que compõe o corpo perispiritual."

"O espírito não retrograda nem involui em sua marcha, mas sofre as consequências dos próprios desatinos, para que, no sofrimento, aprenda a controlar os sentimentos de inferioridade que ainda povoam a mente da maioria de nós. Esses irmãos que aqui estagiam, e em outras regiões semelhantes utilizaram a inteligência para o mal, tiveram a bênção das oportunidades e não as *aproveitaram como deviam. No exercício de poder, enriquecendo-se com recursos indevidos; na condição de legisladores, agiram em benefício próprio; outros enriqueceram por meio do ilícito; outros induziram a juventude à bebida e às drogas, ceifando e destruindo milhares de vidas, trazendo desgraça e amargura a muitos corações. Deus não julga e não condena o infrator, mas a própria consciência culpada o faz."*

As palavras do instrutor eram claras, simples, profundas e esclarecedoras.

— Dessa forma, Virgílio — continuou —, as pessoas vivem desatentas e despreocupadas, principalmente aquelas que são muito apegadas à matéria e ao poder temporal. Um dia, são surpreendidas pela visita da tão temida morte, sendo desalojadas do corpo físico. Despertam do lado de cá, onde as posses, os títulos e o poder material nada valem. Céu ou Inferno, purgatório ou umbral não são regiões circunscritas em determinados locais ou espaços onde os anjos do Senhor premiam os bons, permitindo sua entrada no paraíso, e pune os pecadores, exilando-os ao eterno fogo do Inferno."

"Na verdade, o grande segredo está no espírito, que é o princípio inteligente e detém todo conhecimento e sentimento e no corpo perispiritual, que reflete sempre a condição evolutiva do espírito que o habita. Esclarecendo melhor, podemos dizer que o corpo perispiritual é constituído por uma tessitura vaporosa, extremamente delicada, semimaterial, apresentando sua densidade de acordo com o estado evolutivo do espírito. Assim, um espírito mais adiantado na escala evolutiva apresenta um corpo perispiritual mais leve e luminoso, pois reflete exatamente sua condição espiritual mais elevada, enquanto o inverso também é verdadeiro. Dessa forma, o espírito, que

ainda se encontra em estado de brutalidade, maldade, sensualidade descontrolada e egoísmo, apresentará o corpo perispiritual denso, pesado, escuro, refletindo até lesões oriundas das deformidades de caráter, conforme constatamos em nossos irmãos."

"Qualquer que seja a situação, refletimos sempre o que está dentro de nós e, por essa razão, Jesus sempre nos alertou: 'Edifica em ti o reino de Deus, porque o reino de Deus está em vossos corações.' Por conseguinte, o espírito mais adiantado apresenta-se mais leve, elevando-se em demanda à regiões mais elevadas. Assim, como poderoso imã que os atrai, aqueles que ainda se comprazem no mal, em virtude do corpo perispiritual mais denso, sofrem a atração de uma lei natural, a da gravidade, que os impede se elevar para paragens que não lhes são acessíveis, pela própria limitação perispiritual. Dessa forma, percebemos que é o próprio espírito que elege o local de seu estágio, por lei de atração, afinidade (positiva ou negativa). Os bons se unem a outros bons, e os maus se juntam aos maus, de acordo com as tendências de cada um, pela lei da atração mútua, de forma espontânea e natural."

"Ora, em qualquer local onde se reúnem espíritos elevados, as emanações mentais são de luz, alegria e amor, que se irradiam, criando ondas energéticas elevadas, que dão formas perfeitas e delicadas a tudo que os rodeia, transformando-se em regiões luminosas e felizes. Entretanto, em regiões onde se encontram reunidos espíritos infelizes, sofredores, maldosos, revoltados e que ainda conservam sentimentos de brutalidade e ódio, as emanações mentais também são energias criadoras que se expandem, refletindo diretamente no aspecto do ambiente que os envolve, plasmando a neblina escura, os pântanos, a vegetação retorcida e rasteira, os odores fétidos, o *que, na verdade, é simplesmente a exteriorização dos sentimentos do grupo de espíritos que habitam a região que lhe é afim. O resultado jamais será diferente: luz ou trevas."*

"Todavia, não podemos esquecer que o bem é eterno e o mal é transitório, e, dessa forma, à medida que o espírito galga os degraus da escala evolutiva, seu corpo perispiritual se desfaz dos pesados liames que o prendem ao erro e à ignorância, torna-se mais rarefeito, sutil e iluminado, até atingir seu grau mais elevado, refletindo, então, a imagem do próprio Criador, que é luz, sabedoria e energia."

Os ensinamentos do instrutor calaram profundamente em meu coração. Como já havia concluído meus apontamentos, ele, com um sinal, convidou-me a segui-lo e, em rápido deslocamento volitivo, chegamos ao local onde o restante da equipe já se encontrava a postos.

Era um local mais profundo das regiões do umbral, em que eu já estivera antes, cujas vibrações eram extremamente negativas e pesadas. Um conjunto de cavernas enormes e abobadadas que se interligavam, formando uma espécie de anfiteatro rústico, cujo ambiente era iluminado por archotes que ardiam, embebidos em uma espécie de resina. O local estava completamente tomado por um grande número de espíritos que ali se encontravam reunidos em uma assembleia assustadora. Pelas vibrações, identifiquei que eram portadores de grande inteligência e astúcia, mas a maldade estava estampada em suas fisionomias e era refletida em suas mentes por meio de poderosas ondas mentais de rancor, ódio e sensualidade.

Diante de minhas indagações mentais, o instrutor esclareceu-me, solícito:

— Reuniões como esta têm se intensificado nos últimos tempos, Virgílio, e, embora saibamos antecipadamente o teor dos assuntos que serão debatidos, os espíritos superiores nos recomendam que estejamos sempre vigilantes, acompanhando o desenrolar dessas assembleias, atentos às novas estratégias, para que sejam tomadas as medidas necessárias. Aqui se encontram hostes de espíritos portadores de elevado nível cultural e inteligência acurada. Além disso, detêm conhecimentos profundos dos postulados evangélicos.

"Observamos, então, que não basta simplesmente desenvolver o intelecto e o conhecimento da filosofia contidos no Evangelho se o coração permanece endurecido no ódio, no egoísmo e na revolta. Conhecem sobejamente a fragilidade do ser humano e sabem explorar suas fraquezas para provocar a queda de cada um. Sabemos que não se ateia fogo onde não há material de combustão, mas o ser humano deve ser forte e perseverar, porque a onda vibratória negativa e sorrateira que envolve a humanidade é muito agressiva, e os apelos para os desvios de comportamento são insinuantes e quase irresistíveis para quem não se habituou à vigilância e à oração. Assim, estamos sempre vigilantes aos planos das falanges trevosas e constantemente alertamos os encarnados para as perigosas armadilhas, mas depende única e exclusivamente de cada um a atitude de resistir, ou simplesmente sucumbir, deixando-se envolver diante do turbilhão de emboscadas preparadas por esses irmãos menos felizes, que, embora tenham conhecimento da lei de misericórdia, ainda não a aceitaram em seus corações."

"Voltamos a repetir tantas vezes quanto necessário as advertências de que, no fim dos tempos, as forças do mal serão soltas e elas virão cheias de fúria, porque sabem que lhes resta pouco *tempo. À semelhança da criatura maldosa que não se importa se cair no fundo escuro do poço, desde que arraste consigo outros em sua queda, assim agem as hostes do mal, pouco se importando com a própria infelicidade, desde que carreguem consigo companheiros de infortúnio."*

Naquele momento, fez-se um grande silêncio no recinto. O instrutor informou-me de que aquele era o momento mais aguardado daquela assembleia, pois estaria presente, além de Polifemo, o comandante das forças trevosas daquela região, uma figura ainda mais elevada na hierarquia das trevas: Érebo, o temível general dos dragões das regiões do abismo profundo.

Polifemo eu já conhecia, em razão de estudos anteriores. Érebo ainda não, mas já ouvira referências a seu respeito: uma figura muito temida por sua inteligência, astúcia e maldade. Não era por acaso que comandava as mais terríveis e tenebrosas forças do mal.

Diante da entrada dos comandantes do mal supremo, os participantes da assembleia imediatamente se postaram de joelhos, com cabeça baixa, em demonstração de submissão e respeito. Os dois chefes se posicionaram em local de destaque. Se o aspecto de Polifemo era assustador, pela forma grotesca e gigantesca do corpo, a figura de Érebo era quase animalesca. Seu corpo gigantesco e coberto de pelos, apresentava-se com a fisionomia avermelhada, com os olhos injetados de sangue, sua fronte era larga e grosseira, apresentando duas protuberâncias no alto, à semelhança de chifres, e o queixo afilado, com longa barbicha, completava o aspecto diabólico daquela figura horripilante.

O silêncio era absoluto. Poder-se-ia ouvir o voo de uma mariposa no ambiente e, diante da expectativa ansiosa daquela plateia assombrada, Polifemo deu início à reunião, com sua voz grossa e rouca:

– *Hoje, temos uma oportunidade ímpar, com a visita de nosso comandante que conduzirá a reunião. Há muitos motivos para a presença de nosso comandante supremo. Todos sabemos que o tempo está se estreitando e que muitas ações têm surtido efeito. Tivemos sucesso na maioria de nossos planos, mas ainda esbarramos em alguns obstáculos que precisamos superar com urgência. Para melhor avaliar as ações de cada chefe de falange, as estratégias adotadas e os resultados obtidos, cada um se apresentará e fará a exposição, enquanto os demais deverão ouvir e aprender com o colega, seja pelo erro ou pelo acerto. Tenho certeza de que a presença de nosso comandante irá agregar importantes lições de aprendizado, pois tem largo espaço de tempo no conhecimento do mal que cada ser humano agasalha em seu íntimo por meio do egoísmo, do rancor, da inveja, da maledicência, do ódio e da vingança. Não vou tomar o precioso tempo de vocês com opiniões inoportunas, pois agora quem irá presidir a reunião é nosso comandante.*

A assembleia estava emudecida. Todas as atenções voltadas para a figura tenebrosa de Érebo, que se apresentava extremamente solene e, com seu olhar penetrante, parecia varrer todos os recantos, devassando o ambiente de ponta a ponta.

Para a minha surpresa, antes de começar a proferir qualquer palavra, Érebo fixou sua atenção em nossa direção, como se estivesse nos vendo. Em seguida, gargalhou de forma estridente, com sua voz gutural e assustadora, surpreendendo os próprios comandados. Senti-me arrepiado diante daquela energia negativa e poderosa, que irradiava pelo espaço, enquanto a gargalhada ecoava pela abóbada das cavernas. Repentinamente, calou-se, enquanto sua fisionomia assumia contornos assustadores que retratavam a maldade personalizada.

— *Pressinto que contamos com presenças muito importantes e elevadas em nossa assembleia de hoje* — disse, em tom irônico. — *Por que não se apresentam?* — clamou, com sua voz rouca e desafiadora. — *Eu sei que estão aqui! Tenham coragem e se apresentem!* — insistiu.

Em seguida, voltando-se para o público presente, ele mesmo respondeu:

— *Eles não têm coragem de nos enfrentar! Vêm aqui para nos espionar, mas têm medo, e por isso permanecem invisíveis! Mas não importa, eles sabem que é tudo inútil, porque contamos com as fraquezas morais do ser humano a nosso favor.*

Ninguém da plateia, inclusive Polifemo, ousava interromper a palavra do chefe supremo das trevas.

— *Esta mensagem é para eles* — disse, referindo-se a nós, enquanto apontava com o indicador. — *Desistam! Não adianta se esforçar, alertando os encarnados sobre os riscos que correm. É pura perda de tempo, pois a grande maioria não quer ouvir. Já estão envolvidos nas teias de nossas vibrações. Os que ainda resistem, também têm seus pontos fracos, que cada um de nós conhece muito bem, e vamos atacá-los sem tréguas. Defendê-los será um esforço inglório para vocês!* — enfatizou.

Fez um breve intervalo para que suas palavras surtissem o efeito desejado na plateia, para logo em seguida trovejar:

– A *vitória é nossa!*

Em uníssono, a plateia respondeu:

– A *vitória é nossa!*

Embora estivéssemos em sintonia vibratória bem mais elevada, a energia que vibrava no ambiente era muito poderosa, e Érebo sabia potencializar as forças negativas que pulsavam avassaladoras. Dominava a plateia, que parecia totalmente hipnotizada diante daquela temível personalidade. Senti um arrepio desagradável e incômodo.

O Instrutor Ulisses colocou-se ao meu lado, enquanto trazia esclarecimentos preciosos:

– *Infelizmente, Érebo tem razão, Virgílio. A onda vibratória negativa que envolve a humanidade se apresenta em camadas diferenciadas pelo diapasão específico de cada sentimento que se irradia e se alimenta das mentes de encarnados e desencarnados. Vamos tentar esclarecer para um entendimento mais fácil* – disse, exemplificando. *A onda mental vibratória da inveja, por exemplo. Todas as pessoas que nutrem o sentimento de inveja irradiam uma onda mental específica para aquele sentimento, que encontra sintonia em todas as mentes que irradiam o mesmo sentimento, tanto encarnados quanto desencarnados.*

"Outro exemplo é a onda mental do ódio e do rancor: as pessoas que se situam nessa faixa de sentimento emitem ondas mentais no diapasão que se expandem pelo espaço, encontrando sintonia em todas as mentes que se alimentam do ódio e do rancor, encarnadas e desencarnadas, e assim por diante. Ainda são minoria os que se

O Sétimo Selo | O Silêncio dos Céus

situam na sintonia mental da alegria, do amor, da harmonia, do equilíbrio, da caridade e do perdão. Por isso Érebo se vangloria da vitória, porque, lamentavelmente, as pessoas estão desatentas e invigilantes e, pela própria condição de inferioridade que ainda nos encontramos, somos presas fáceis para as armadilhas que as forças do mal nos preparam, pois agem sorrateiramente, aprisionando a criatura humana nas próprias falhas, porque ainda nos comprazemos no diapasão vibratório dos sentimentos negativos."

"Milhares de pessoas ligam o aparelho de televisão para assistir a programas de qualidade duvidosa, de cultura inútil e pretensas comédias, que, para manter a audiência, usam atrativos ardilosos com garotas seminuas. O palavrão gratuito é motivo de riso, e o sexo banalizado é motivo de piadas de mau gosto. Não pretendemos nos colocar na condição de moralistas, mas, sim, alertar o ser humano sobre o perigo, embora Érebo já tenha dito que isso será inútil. Ainda podemos mencionar programas que consomem precioso tempo do público exaltando qualidades duvidosas de pessoas fúteis e vazias, envolvidas em uma verdadeira rede de intrigas e desavenças, que não acrescentam absolutamente nada ao ser humano."

"Diante de um fato lamentável e triste, de alguma tragédia que abala uma cidade ou um país, a mídia sensacionalista explora à exaustão a ocorrência, levando o público ao sentimento do ódio, desforra, vingança e até do desejo da pena de morte. É a isso que Érebo se refere: aqueles que vibram nesta sintonia ficam como que hipnotizadas e não percebem que a brutalidade, o rancor e a selvageria estão presentes nas pessoas que cometem desatinos inadimissíveis para o ser humano no século 21. Torcidas vão ao estádio para assistir a um esporte que deveria ser de alegria e confraternização, mas, inexplicavelmente, *agridem-se mutuamente, de forma bárbara e violenta, ceifando vidas preciosas. A fechada no trânsito é o catalisador psíquico que detona nas criaturas o lado da agressividade descontrolada, causando crimes absurdos e estúpidos que ocorrem rotineiramente."*

"No período em que vivemos, a vida perdeu o sentido e o valor para algumas criaturas que vibram na sintonia perigosa do mal. Nos dias atuais, proliferam os crimes bárbaros que chocam diante da banalidade e dos motivos que levam a se praticar a violência contra a vida do próximo. É o namorado não correspondido, é o marido ciumento, é o pai que espanca o filho, são os filhos que espancam os pais, a empregada que agride o idoso e a criança indefesa, é o inconsequente que ateia fogo no mendigo da praça ou aqueles que agridem de forma violenta um ser humano caído, e assim por diante. Então, a luta é difícil, Virgílio, mas não podemos perder a fé e a confiança no Cristo, apesar de, às vezes, parecer que clamamos no deserto. Todavia, devemos continuar acreditando no ser humano, que sempre pode se regenerar diante de Deus, pois, para o Criador, nada é impossível, basta um minuto de amor tocando a sensibilidade da criatura, no momento certo. No entanto, o ser humano precisa parar um instante para meditar e abrir seu coração, para que a luz do Cristo penetre nas almas, afastando as trevas, porque onde a luz brilha, as trevas batem em retirada!"

Meditei profundamente nas palavras do instrutor. E Érebo deu início à assembleia da noite.

— *Quem é o primeiro que deseja fazer o relato de sua missão?*

O primeiro que se prontificou, aproximou-se respeitoso do comandante das trevas. Inclinou-se, em sinal de submissão, para em seguida se apresentar:

Irmão Virgílio | Antonio Demarchi

– Sou o responsável pela ação contra os religiosos, particularmente os evangélicos.

– Pois bem – resmungou Érebo –, como tem se saído?

– Relativamente bem em algumas ações. Em outras, nem tanto.

– Estou sabendo, "relativamente bem", isso é ridículo! – retrucou, ríspido, o chefe das trevas. – Mas prossiga, quero que esclareça melhor onde acertou e onde tem encontrado dificuldades.

– Minha falange tem atuado de forma intensa em várias igrejas. Em algumas, temos conseguido maior sucesso, atuando nas mentes de seus dirigentes, despertando a cobiça, o desejo material. Em alguns casos, temos sido muito bem sucedidos. Com os dirigentes sob nossa influência, induzimo-os para que convençam seus frequentadores, por meio da própria palavra da Bíblia, de que à medida que se desprenderem de seus bens em favor da igreja, Deus os irá recompensar."

"A parábola do óbolo da viúva tem surtido bons efeitos e trazido excelentes resultados. Isso tem provocado algumas resistências, dissensões, descrédito, revolta e levado alguns crentes a se afastar das igrejas, mas uma grande parte tem sido convencida, o que é bom para nosso objetivo. Contudo, existem vertentes evangélicas que têm resistido e, apesar de nossa atuação intensa, encontramos dificuldades em convencer seus dirigentes a utilizar essa estratégia. Por outro lado, temos relativo sucesso quando focalizamos os frequentadores, criando clima de ciúmes, inveja e desavenças dentro das igrejas. Volta e meia conseguimos afastar alguns membros, mas reconheço que o progresso é lento."

– É porque vocês têm agido de forma equivocada! – disse em voz alta para que todos ouvissem. – Prestem atenção – berrou, com sua voz rouca, dirigindo-se à plateia. – *Que isso sirva de lição para os demais chefes de falanges. Para acabar com a vida do animal, é preciso cortar a cabeça! Vocês devem agir sempre com muito mais rigor contra os dirigentes, os chefes, porque eles representam a cabeça. Atingida a cabeça, o corpo desmorona.*

O silêncio era geral e Érebo prosseguiu, dirigindo-se ao chefe da falange:

– *No fator que leva ao sucesso, é preciso considerar que, além de um bom plano, devemos ter foco de atuação. Além do foco, há de se ter disciplina, determinação, e conhecimento do campo onde atuamos. É preciso haver estratégias claras, para que depois ninguém venha reclamar que não alcançou seu objetivo por isso ou por aquilo. Não quero saber de desculpas para justificar fracassos. A palavra mágica é: estratégia!* – enfatizou.

Enquanto a plateia ouvia silenciosa, o instrutor esclareceu-me:

– *Érebo é uma inteligência respeitável, infelizmente a serviço do mal. Desde a mais remota Antiguidade, sempre foi um grande comandante, alcançando sucesso em suas campanhas sanguinárias, porque é um estrategista por excelência. Sempre analisa cuidadosamente o terreno onde pisa, para ampliar a visão do campo de batalha, e sabe comandar como poucos, obtendo resultados de seus comandados por meio da mais férrea disciplina. Que pena que seja assim, Virgílio. Sabemos que tudo isso é típico dos tempos que vivemos e ocorre em escala universal em todos os globos que transitam pelo estágio de nosso planeta, mas é de se lamentar, porque uma inteligência como esta, a serviço do bem, seria capaz de realizações extraordinárias. Entretanto, sabemos que mesmo Érebo, com toda sua energia e inteligência voltada para o mal, um dia haverá de trilhar o caminho da luz, porque esse é o destino de todas as criaturas. O mal é transitório, mas o amor é eterno* –, finalizou, com serenidade, o Instrutor Ulisses.

Estratégias do mal

A plateia permanecia quieta, aguardando as orientações estratégicas de Érebo, que manteve silêncio calculado para que suas palavras tivessem maior impacto. Por fim, voltando-se ao público, vociferou:

— *Fico pasmo com a falta de competência de vocês. Vamos analisar tudo isso de forma bastante cuidadosa. Primeiro: para os encarnados somos invisíveis, podemos agir livremente. Segundo: temos todo tempo a nosso favor. Terceiro: o ser humano, sem exceção, é fraco, imperfeito, egoísta, individualista, dotado de ambição sem limites e propenso a todo tipo de tentações. Quarto: a fé que os alimenta é fraca, vocês sabem disso. Quinto: sexo desvirtuado. Sexto: campo mental favorável. Sétimo: a cabeça!* — enfatizou, com a voz gutural.

Fez mais uma pausa para que suas palavras fossem absorvidas com o impacto desejado. Em seguida, prosseguiu com o mesmo tom de voz temível, firme e autoritário:

– Em síntese, temos tudo a nosso favor! Não posso entender como ainda não alcançamos os resultados esperados! – exclamou, com visível irritação. – Vocês não entenderam? Então, vou ser mais claro ainda, analisando item por item que colocamos: o ser humano não percebe nossa presença porque somos invisíveis, isso é ponto pacífico. Compreenderam agora? Temos todo o tempo que desejamos e, dessa forma, podemos acompanhá-los no dia a dia, para analisarmos seus pensamentos e suas reações. Temos tempo para isso! – exclamou mais uma vez. – Podemos analisar calmamente suas atitudes e reações, seus pensamentos inconfessáveis e, então, identificar seus pontos fracos e agir exatamente nesses pontos fracos! É difícil? – berrou, irritado. – Sabemos que a fé de muitas criaturas é fraca; em outros, a fé é cega; e existem aqueles que não resistem a uma tribulação mais forte, a uma perda prematura de um ente querido, à dificuldade financeira e à doença incurável. Aqueles que têm fé fraca são um alvo fácil, basta criar um fator de complicação em sua vida que desanimam e se tornam descrentes de tudo, presas fáceis em nossas mãos. Compreenderam? – bradou mais uma vez, para, em seguida, prosseguir:

"– Sexo! Ah! O sexo, vocês sabem, é um dos pontos de maior fraqueza do ser humano. A tentação do sexo fora do casamento, o sexo promíscuo, o sexo na mente de pessoas pervertidas, a atuação mais forte para criar a dependência e a compulsão sexual que tira o raciocínio lógico da criatura que apenas deseja o prazer, custe o que custar. Vocês sabem que poucos resistem a uma boa investida e a uma tentação bem articulada. Posso dizer isso, porque conheço a natureza humana e não é de hoje. Sei o que estou falando. O campo mental do ser humano é a chave para envolvermos os encarnados de forma inteligente, mesclando os nossos pensamentos aos deles. Conhecendo suas falhas e seus descalabros, podemos atuar no dia a dia, criando o clima propício para despertar pensamentos e anseios secretos do desejo pecaminoso, cobiça, rancor, mágoa, ódio, inveja, queixume e maledicência. Quando isso acontece, as portas mentais são escancaradas para nossa atuação, de forma que o obsediado não se dá conta e não mais identifica quais são seus verdadeiros pensamentos e quais não são. Então, ficam literalmente em nossa mão. Perceberam? Nós temos tudo a nosso favor! Não aceitarei, em hipótese alguma, fracassos. – finalizou, de forma agressiva e rancorosa.

O silêncio que se seguiu foi absoluto. Ninguém ousava levantar a voz, mas foi o próprio Érebo quem quebrou o silêncio.

– Estão vendo? É isso que me preocupa – reclamou, voltando-se para Polifemo. – Não me admira que Polifemo tenha dificuldades, contando com um bando de incompetentes como vocês. Eu comentei sete itens estratégicos e detalhei apenas seis de propósito e ninguém se manifestou. Por quê? – indagou, extremamente irritado. Seus olhos pareciam ainda mais avermelhados em virtude da ira que o possuia. – Faltou um item, alguém pode me dizer qual foi esse item?

Diante da ira do chefe supremo do mal, ninguém ousava se manifestar.

– Está vendo, Polifemo? E são chefes de falanges. Já que ninguém se manifesta, diga você, então – concluiu, dirigindo-se ao seu comandante imediato.

– Faltou esclarecer a respeito da cabeça – respondeu o chefe das legiões.

– Exatamente! A cabeça! O mais importante em tudo é sempre a cabeça! Quer matar um animal? Corte a sua cabeça! O corpo sem cabeça não sobrevive, e a morte é certa! Entenderam? Querem desmotivar e desarticular uma igreja? Ataquem sua cabeça, que é o padre. Querem fazer desmoronar um templo evangélico? Ataquem a cabeça, isto é, o pastor! Querem destruir um centro espírita? Ataquem, sem piedade, seus dirigentes! Querem esfacelar um lar? Acertem a cabeça, isto é, o pai. No caso dos lares em que a mãe é a cabeça, é sobre ela que o esforço deve ser concentrado.

Fez nova pausa calculada, para que suas lições fossem melhor absorvidas pelos comandados. Confesso que estava surpreso com os conceitos e as ideias de Érebo. Em seguida, o comandante supremo das trevas prosseguiu, em tom professoral:

– Uma sociedade como um todo começa a desmoronar quando o lar perde a importância em seu contexto geral. Isso já vem sendo feito com bastante sucesso, o que devo reconhecer e cumprimentar por esse trabalho. O veículo que hoje atinge com surpreendente eficácia a sociedade é a televisão. Sei que o responsável por esse trabalho é digno de meus cumprimentos, porque, desde alguns anos, desenvolve um trabalho de inspiração e persuasão com os responsáveis pela mídia tele-visiva. O resultado tem sido magnífico, porque o público não percebe, mas, sob nossa inspiração, programas com fachadas de populares foram criados, exaltando valores supérfluos, a liberalidade sexual, a importância do sucesso material a qualquer custo, o despropósito da castidade e dos bons princípios, a esperteza para sempre levar vantagens e o enaltecimento das futilidades e dos falsos heróis.

"Confesso que fico satisfeito quando tenho conhecimento de novelas com cenas de sexo em horário de grande audiência, porque *faz parecer algo absolutamente normal. Mostram a bigamia com naturalidade, a traição como algo corriqueiro, o desprendimento sexual dos adolescentes como modernidade e a liberalidade excessiva dos pais, que permitem e dão liberdade absoluta aos filhos para que estes não se sintam excluídos da sociedade. Percebem? É nesse ponto que eu quero chegar: a cabeça perde o rumo e tudo fica mais fácil.* É com a complacência dos pais, que são bastante modernos e 'prafrentex' – sorriu, satisfeito com a própria ironia –, *que os jovens têm sua iniciação sexual cada vez mais cedo, inclusive oferecendo o próprio recinto doméstico para que isso aconteça. É magnífico! Os pais não se incomodam quando seus filhos saem para as baladas e não têm hora para voltar. A bebida, as drogas, o sexo descompromissado e a liberação dos sentidos primitivos são um prato cheio para que nosso pessoal possa agir à vontade! Além das baladas, as festas 'rave', regadas a bebidas e drogas, a liberdade total do Carnaval e das micaretas. As meninas engravidam, mas o aborto é a solução imediata. Maravilha! Melhor impossível. Os jovens crescem sob o impacto dos tempos modernos, em que o respeito aos mais velhos é motivo de sarcasmo, os educados devem ser ridicularizados, 'já era', e os que buscam seriedade e estudo são chamados de 'nerds', os quais devem ser motivo de chacotas.*

Enquanto Érebo fazia sua explanação, não deixei de observar seu palavreado. Não fosse o objetivo de orientar a ação de seus comandados, diria que Érebo fazia uma verdadeira preleção para que o encarnado, que tomasse conhecimento, pudesse cair na real em relação aos valores cultuados nos dias atuais. Isso me surpreendia e, ao mesmo tempo, me deixava extremamente preocupado. O instrutor acompanhava meus pensamentos e, com um sinal de cabeça, concordou, demonstrando também preocupação.

– *Érebo sabe o que está falando, Virgílio, porque tem conhecimento de causa e se mantém atualizado em relação aos costumes da sociedade moderna. Isso tudo é fator de extrema preocupação. Ele sabe que o tempo está se esvaindo, mas, à semelhança daquele que não se importa em cair no abismo desde que junto leve o maior número possível de desafortunados, assim agem as forças das trevas, sob a orientação de seus comandantes. Para nós, fica a grande responsabilidade de ampararmos e orientarmos as criaturas de boa vontade, os mansos e pacíficos, como disse Jesus, porque as forças do mal agem de forma discreta, mas sorrateira, contando com a complacência das criaturas que vibram na mesma sintonia. De forma irresistível, utilizam todos os recursos possíveis e imagináveis; e ainda têm a seu favor as fraquezas morais dos seres humanos, de forma que, se permitido fosse, até os escolhidos seriam arrastados pelo vigor das vibrações agressivas que tocam nos sentidos mais primitivos do homem, levando-o à prática de atos absurdos e inconcebíveis em relação ao grau de adiantamento a que chegamos.*

Érebo prosseguia em sua didática obsessiva, orientando os chefes de falange, procurando descer a detalhes para que o plano das trevas pudesse ser executado com vigor no plano obsessivo, e levasse à queda as cabeças de cada instituição religiosa, incluindo o seio da própria família, onde se estabelece o equilíbrio ou a derrocada de seus componentes.

– *Por trás de qualquer comunidade, sempre existe uma instituição religiosa que busca dificultar nosso trabalho, arrebanhando fiéis para suas fileiras. Exemplificando: se a instituição é uma igreja católica, aproximem-se o quanto for possível do sacerdote. Acompanhem seus passos. Procurem observar atentamente suas atitudes, seus olhares e pensamentos. Sabemos que existem os mais fervorosos, mas, de um modo geral, em seu íntimo, existe algum mal escondido. Procurem identificar o que é: primeiramente, a vaidade; depois, o ranço, porque, com o tempo, a fé esmorece. Por último, o sexo. O sexo ainda é a grande tentação para quem vive uma vida de celibato. É difícil resistir a uma boa investida. Explorem as fraquezas inconfessáveis, pois por trás de um hábito, existe um homem. O escândalo provoca o descrédito, desmoronando a credibilidade da instituição religiosa em prejuízo da comunidade. Entenderam? Ataquem a cabeça.*

— *E quanto aos evangélicos?* — questionou, pela primeira vez, um dos chefes de falange. — *Como nosso companheiro anteriormente mencionou, temos conseguido uma boa infiltração em algumas vertentes evangélicas, mas existem outras muito difíceis.*

Diante do questionamento, a reação de Érebo foi surpreendente mais uma vez.

— *Fico satisfeito que alguém de vocês tenha tido a coragem de perguntar* — respondeu o comandante das trevas. — *Pelo menos vejo que estão prestando atenção. Pois bem, da mesma forma que dei o exemplo do padre, o mesmo se aplica aos pastores das igrejas evangélicas. Ultimamente, a mídia tem sido utilizada para atingir um público mais numeroso do que os que frequentam seus templos. Isso tem sido muito ruim para nós, reconheço. Mas é preciso ver o outro lado, porque muitos pastores e bispos dessas igrejas acabaram se tornando figuras conhecidas pela exposição da televisão. Aí é que está nossa oportunidade. Embora preguem as Escrituras,* conheçam a Bíblia e os ensinamentos de forma profunda, devemos explorar o lado da vaidade, porque muitos falam de Evangelho, pregam a humildade, mas ainda são verdadeiros poços de vaidade e orgulho. Vejam o que pregam e depois verifiquem como agem no dia a dia, inclusive em seus lares, como pais e esposos. Ah! Vocês se surpreenderão.

"Em algum momento de desarmonia, abrirão brechas mentais e vocês poderão observar que suas mentes ficarão expostas, oferecendo campo para nossa atuação. É neste momento que devem atacar: infiltrem-se em seus pensamentos, fazendo-os crer que são melhores do que os demais, e, em pouco tempo, seus atos falarão mais alto do que suas pregações, levando-os ao descrédito. Incentivem a desarmonia, fazendo que os frequentadores de cada igreja se acreditem melhores do que os demais e que apenas eles merecem a salvação. Não há núcleo evangélico que resista ao egoísmo, à vaidade e à desarmonia. Caindo a cabeça, desmorona o resto do corpo. Ainda temos o último recurso, o da tentação carnal. Muitos pastores ainda encontram dificuldades para resistir a um bom assédio sexual. Na hora oportuna e no momento de fraqueza emocional, ataquem sem tréguas. Como já disse, observem no lar de cada um suas fraquezas morais e seus desejos inconfessáveis. Não tem erro, é tiro e queda."

– Tudo isso é fácil de falar, mas na prática é mais difícil –, comentou alguém, no meio da assembleia.

O comentário foi feito de forma quase imperceptível. Nós captamos e observamos que Érebo também ouviu. Entretanto, contrariando as expectativas de uma explosão de um novo ataque de ira, o comandante das trevas respondeu calmamente,

Irmão Virgílio | Antonio Demarchi

à semelhança de um professor que é questionado por um aluno a respeito de um tema que está cansado de conhecer.

– É verdade – concordou. – Fico até satisfeito em ouvir este comentário. Se fosse fácil, não precisaria de vocês. Se confio em Polifemo, e se confio em vocês, é porque sei que a tarefa é extremamente difícil, mas tenho a certeza de que, mesmo diante das maiores dificuldades, darão o melhor de si, irão se superar para, no fim, alcançar sucesso em seus objetivos. Não tenham a pretensão que teremos cem por cento de sucesso, porque, se assim fosse, não seria tarefa difícil e, sim, muito fácil. Sabemos que para um número significativo não iremos lograr êxito, mas se desdobrem, superem a si mesmos para alcançar o maior número possível daqueles que irão escorregar "na casca de banana" das próprias fraquezas morais, e vamos arrastá-los para engrossar nossas fileiras. É isso que espero de cada um de vocês, e tenho a mais absoluta certeza de que saberão cumprir com louvor os compromissos assumidos comigo esta noite. Alguém mais deseja fazer alguma observação ou questionar algum item que eventualmente não tenha ficado bem claro?

Diante da mudança de tom do temido comandante das trevas, outros chefes de falanges se animaram, levantando a mão, e, um a um, expuseram suas dúvidas e observações. Érebo ouvia atentamente, detendo-se quando um número significativo de chefes de falange se detivera no mesmo tema: o Espiritismo.

– Os espíritas são muito difíceis de serem abordados. Quando procuramos envolvê-los, corremos sério risco, e nossas fileiras têm sofrido grandes baixas, pois eles contam com recursos que desconhecemos. E quem procura conhecer melhor que "recursos" são esses, *não volta para contar a história* – comentou um chefe de falange, em tom de desânimo.

– *Além deste fato que o companheiro mencionou* –, comentou um outro chefe de falange –, *temos notado que, em alguns casos, até conseguimos alcançar algum progresso com frequentadores, fazendo que desistam no meio do caminho. Entretanto, temos observado que um grande número se fortalece ainda mais na fé, quando começamos a provocar problemas, doenças, desentendimentos e brigas. Num primeiro momento, achamos que estamos levando vantagem, mas, verificamos adiante, cada vez que vão a uma reunião voltam fortalecidos, chegando em uma situação muito perigosa para nós, que precisamos tomar cuidado para não sermos apanhados desprevenidos e levados a essas reuniões de desobsessão, de onde dificilmente alguém volta.*

– *Temos procurado atuar de todas as formas* – comentou um terceiro –, *atuando nos trabalhadores, nos responsáveis por trabalhos e nos dirigentes, mas o ataque direto não surte muito efeito. Os espíritas têm demonstrado raciocínio lógico e percebem nossa presença. O grande problema é que estão sempre presentes, atuantes nos centros a que pertencem. Temos procurado atingi-los com doenças, mas há sempre grupos que vibram pelo companheiro enfermo. Temos procurado criar desavenças entre os familiares: esposa insatisfeita, filhos problemáticos, parentes difíceis, mas, quando instituem o Evangelho no lar, dificultam nossas ações, porque perdemos a aderência mental dos envolvidos. A vibração energética do ambiente doméstico nos expulsa, de forma que não conseguimos continuar criando e fomentando as discussões, as brigas e os desentendimentos. No meio espírita, encontro a tarefa das mais árduas que tenho enfrentado, embora, de vez em quando, consiga*

*afastar um ou outro para o desequilíbrio, o quadro não é nada
animador* – concluiu.

Érebo ouvia tudo em silêncio, exibindo um sorriso irônico
e maquiavélico no canto da boca.

– *Eu já esperava por isso e confesso que demorou para que
esse assunto viesse à baila. Vocês têm razão, porque realmente
o Espiritismo proporciona aos seus seguidores uma condição de
fé diferenciada das demais filosofias religiosas. Sei do que estou
falando* – acentuou, para em seguida prosseguir. – *Todas as religiões pregam a crença inabalável, com seus dogmas e postulados,
e, enquanto o indivíduo está firme em sua fé, torna-se inatingível.
Mas basta uma contrariedade mais acentuada, uma desilusão mais
forte, uma situação não atendida, uma doença incurável em alguém
que se ama, uma morte violenta de um ente querido, um acontecimento trágico ou uma tentação que atinge seu ponto fraco, e
muitos desabam, tornam-se revoltados, descreem de tudo e, então,
a fé desmorona.*

"*Digo ainda mais: quando os fiéis colocam um sacerdote, um
pastor ou um pregador em um pedestal e depois descobrem fatos
desabonadores, sentem-se traídos em sua fé e confiança. Tudo fica
mais fácil, porque, nesta situação, aqueles que sentem a fé abalada
ficam completamente à nossa mercê. Com os espíritas, entretanto,
temos de redobrar nossos cuidados, agir com inteligência, atuar de
forma discreta, imperceptível, explorar suas fraquezas, enaltecer
suas qualidades, para aflorar a soberba e suas vaidades. Os espíritas
também gostam de elogios e precisamos, de alguma forma, desenvolver cultos a personalidades, fazê-los crer que são o máximo. É
o encantamento e o deslumbramento que os médiuns sentem por*

si mesmos, fazendo ouvidos surdos às críticas, irritando-se com as contrariedades, mas sorrindo para os elogios, que devemos explorar. Temos de procurar conhecer os pensamentos mais íntimos, seus desejos ocultos, suas 'taras' inconfessáveis, porque, afinal de contas, também são homens comuns, portadores de virtudes e falhas. Mais falhas do que virtudes – comentou, irônico. – E tempo nós temos de sobra, não temos?"

Confesso que me sentia perplexo diante da fala de Érebo. O comandante das trevas sempre surpreendia com sua perspicácia, demonstrando, além de tudo, profundo conhecimento do Evangelho, das religiões e da própria índole do ser humano, de seu comportamento e de suas fraquezas.

O instrutor sorriu com tristeza, diante de minha observação.

– Infelizmente, Virgílio, Érebo é uma das grandes inteligências desencarnadas a serviço do mal. Foi um grande guerreiro, impiedoso e cruel, que usou sua inteligência e liderança para conquistar pela espada. Em sua ânsia de conquistas, matou e destruiu, com requintes de brutalidade, tudo que se interpunha a seus objetivos. Desencarnado, observou que as criaturas continuam as mesmas em sua essência, apenas não têm mais o pesado fardo do corpo físico para carregar e, dessa forma, com a inteligência a seu favor, percebeu, com sua personalidade arguta, que poderia agir com desembaraço, tornando-se um dos líderes das trevas.

"Embora fosse detentor de respeitável currículo, mesmo assim precisou lutar com violência e astúcia para galgar a liderança. Muitos dos derrotados tornaram-se, depois, seus fiéis aliados. Dessa forma, ao longo dos séculos, Érebo, de forma sistemática, *vem aliciando mentes privilegiadas desviadas do bem, engrossando as fileiras de seu exército invisível a serviço do mal, e agora, neste período de transição, de forma desesperada, mas organizada, procura arrastar para as trevas a maior quantidade possível de criaturas que entram na ardilosa sintonia vibratória do mal que envolve o planeta e a humanidade."*

Diante das palavras do instrutor, fiquei pensativo. Como poderiam criaturas a exemplo de Polifemo e Érebo, mentes privilegiadas e conhecedoras do Evangelho do Cristo, se voltar para o mal?

O próprio instrutor veio em meu socorro, com esclarecimentos preciosos.

— Conhecimento não significa, necessariamente, elevação, Virgílio, da mesma forma que intelectualidade também, na maioria das vezes, não corresponde à espiritualidade, nem inteligência se traduz em sensibilidade de espírito. Existem pessoas que detêm conhecimento, mas continuam presas nas mesquinharias, outras possuem intelecto desenvolvido, mas permanecem atreladas ao egoísmo e às coisas materiais, e outras cujo coração, apesar de terem seu quoeficiente de inteligência (QI) extremamente elevado, continua vibrando na sintonia do ódio, do rancor e da brutalidade.

"O poder representa o maior perigo às mentes inteligentes atreladas à ambição e às conquistas. Existem líderes que desejam ser os maiorais seja do que for, o que lhes importa é que, naquele território, quem manda são eles, e sentem prazer em serem obedecidos. Érebo é uma destas criaturas. Conhece o Evangelho, tem inteligência privilegiada, exerce liderança ditatorial e jamais imaginou sequer a possibilidade de dividir com quem quer que fosse essa liderança."

"Falamos de Érebo, uma inteligência a serviço do mal, com quem nos impressionamos, mas não precisamos ir muito longe. Vamos falar dos próprios espíritas: quantos conhecem o Evangelho de forma profunda e, mesmo assim, não agem de acordo com os preceitos evangélicos? Quantas pessoas detêm o conhecimento dos postulados de Kardec e, ainda assim, não se tornaram criaturas mais humanas, caridosas, pacientes, tolerantes e humildes? Ainda dentro das casas espíritas, encontraremos resquícios de melindres, intrigas, orgulho, vaidade, soberba e luta pelo poder."

Enquanto isso, o comandante das trevas prosseguia em suas orientações:

– É um trabalho de paciência e, neste caso, paciência é uma virtude que aprecio. Vamos analisar atentamente os frequentadores: vejo que a maioria de vocês intensifica o assédio para que aqueles que estão iniciando na doutrina desistam. Alguns desistem, mas outros, alertados do fato, se fortalecem na oração e na frequência assídua, nas reuniões e nos passes, conseguem neutralizar as energias negativas. Nesta fase, é melhor que se utilizem de espíritos menos experientes, porque o risco de serem apanhados nas malhas do bem é muito grande. Vocês não devem correr riscos desnecessários. Deixem o tempo passar. Aquele iniciante que, a princípio, reage e se fortalece, quando se dá conta que os ataques cessaram, relaxa e se descuida.

"É aí que entra a segunda fase da obsessão, pois o candidato a trabalhador da doutrina já tem senso crítico. Se tudo no início era maravilhoso aos seus olhos, num segundo momento começa a perceber que também no meio espírita existem falhas humanas. As fofocas, as intrigas, as preferências e os melindres são ingredientes

Irmão Virgílio | Antonio Demarchi

O Sétimo Selo | O Silêncio dos Céus

sempre presentes em qualquer lugar, porque é da natureza humana. Então, o candidato a trabalhador começa a ouvir críticas e a criticar, a observar o argueiro nos olhos dos outros, as preferências deste ou daquele trabalhador, descobre os ídolos de pés de barro e as fofocas que costumeiramente ocorrem, provocando o descontentamento e o desencanto do trabalhador."

"Nesse momento, esses trabalhadores se tornam alvo fácil para nossas investidas. Os resultados são os melhores possíveis. Grande número de candidatos a discípulos do Espiritismo abandona suas tarefas nessa fase. Não podemos esquecer aqueles que, entusiasmados com a filosofia espírita, se entregam aos cursos de médiuns, aprendizes do Evangelho e outras baboseiras bem a gosto dos espíritas. Passado o entusiasmo inicial, aproximem-se cuidadosamente, incutindo-lhes o comodismo, a ociosidade e o desânimo. É verdade que a consciência os alerta, mas, sem que percebam, façam que encontrem as justificativas para o abandono, que satisfaçam as próprias consciências. É aquele dia que está muito frio, é a chuva inconveniente, é aquele programa preferido que passa exatamente no dia do Centro, é a partida de futebol do time predileto, é a visita do amigo ou do parente, são fatores que, com um pouco de nossa ajuda, faz o candidato desistir, em paz com a própria consciência, porque encontrou a desculpa necessária que procurava para justificar a indolência. Até aí tudo fácil, perceberam? Não se arrisquem, volto a dizer, utilizem o máximo auxiliares inexperientes para que as cabeças de nossas fileiras não sejam atingidas, entenderam?"

Fez uma breve pausa. Observei que a plateia estava atenta a cada palavra de Érebo, que parecia satisfeito consigo mesmo e com o efeito que causava em seus comandados. Prosseguiu:

133

– A etapa seguinte exige mais atenção e astúcia. Trata-se do envolvimento com os responsáveis pelos trabalhos da casa espírita. Com esses, os cuidados devem ser muito maiores, porque normalmente são trabalhadores experientes, conhecem a doutrina e o Evangelho. Possuem grande sensibilidade, identificando facilmente qualquer investida mais afoita, além de estarem em sintonia mais fina com seus "mentores". Como disse, as investidas contra esse tipo de espírita requer muito cuidado e astúcia de nossa parte. Mas, como eu disse anteriormente, ninguém é perfeito. Fiquem a distância, observando com paciência e calma."

"Verifiquem se esse trabalhador não manifesta nenhuma contrariedade com os trabalhos da casa, com colegas e com os diretores. O espírito de antagonismo é natural no ser humano, bem como a competição entre os próprios trabalhadores na preferência dos dirigentes. Estimulem comentários entre frequentadores a respeito da mediunidade deste ou daquele médium, que um é bom, mas o outro é melhor, para despertar sentimentos de inveja, orgulho, vaidade e competitividade. O importante é identificar algum ponto de insatisfação e, dessa forma, aproveitar a fresta mental que se abre em algum momento de invigilância, para estimular a insatisfação, os melindres e a vaidade ferida. Preferencialmente, que o assediado comece a ruminar internamente, agasalhando pensamentos negativos de insatisfação que, aos poucos, ganham forma e crescem, de maneira que tomam conta de seus pensamentos onde esteja."

"A irritação, o mau-humor, o desaforo que houve no trânsito, a chamada de atenção no trabalho, a contrariedade financeira e os desentendimentos no lar são os requisitos favoráveis para a formidável queda do trabalhador mais assíduo. Sem contar com *as próprias falhas de caráter, problemas sexuais mal resolvidos são ingredientes que completam o quadro ideal para a derrocada do trabalhador espírita mais dedicado. Quando os trabalhadores mais experientes e chefes de trabalho na casa espírita se entregam aos melindres, dão atenção às fofocas e começam a identificar falhas e criticar seus companheiros e dirigentes, a coisa está boa para nós, porque temos o campo favorável para atuar, aproveitando as próprias forças negativas dos médiuns. Neste caso – comentou satisfeito –, como na filosofia do judô, utilizamos a própria força do adversário a nosso favor. Não é fantástico? Perceberam? É assim que abalarmos a base de uma casa espírita, com astúcia, inteligência e paciência, muita paciência! – ressaltou."*

As palavras de Érebo eram, no mínimo, inquietantes. Observando minha preocupação, Ulisses esclareceu-me:

– As forças do mal agem com conhecimento de causa e astúcia, Virgílio. Veja que não podemos negligenciar em nenhum momento, porque estamos diante de inteligências respeitáveis a serviço do mal. Qualquer trabalhador da casa espírita sabe que sequer Jesus ficou imune às investidas das trevas. Nem Paulo, nem os discípulos do Mestre, nem Francisco de Assis e outras almas santificadas passaram incólumes aos ataques das sombras, mas eles eram espíritos altamente preparados na moral e na humildade, alicerçados no trabalho do amor e da caridade, que são a grande defesa para qualquer criatura que deseja perseverar nas hostes do Cristo."

"Todavia, qualquer criatura estará sujeita às investidas das sombras e, para tanto, no mínimo, deve perseverar na vigilância e oração, para não cair nas tentações que Érebo enumerou com profundo conhecimento de causa. Podemos dizer, por outro lado, que

qualquer trabalhador a serviço do bem faz jus à proteção necessária do lado espiritual, e todos os recursos serão mobilizados para a defesa daquele que se propõe ao bom combate nas hostes do bem. Entretanto, a palavra final é do próprio interessado, que decide por si o que lhe interessa e, nessas condições, é preciso respeitar o livre-arbítrio das criaturas. Infelizmente, muitas vezes, assistimos a quedas formidáveis, porque, lamentavelmente, em última instância, a decisão é sempre do próprio médium, que tem o livre-arbítrio para decidir o que entende ser melhor para si mesmo."

"Neste caso, damos tempo ao tempo, sem perder de vista o trabalhador que inadvertidamente desertou, à espera do momento em que ofereça novamente condições do auxílio que necessita. Quantos trabalhadores, após quedas em precipícios violentos, retornam em frangalhos e sofrimento à casa espírita, que os acolhe novamente, pois, afinal, esta é sua função primordial: acolher os caídos. Mas é interessante observar que, após violentas quedas, a grande maioria se fortalece no aprendizado. Assim, há de se concordar com a máxima 'há quedas que provocam ascensões maiores'. No entanto, temos de alertar que as palavras de Érebo representam uma severa advertência aos trabalhadores espíritas."

Enquanto isso, Érebo prosseguia em sua preleção obsessiva:

— E quanto aos diretores da casa espírita? Vocês sabem quem são os dirigentes e diretores de uma casa espírita? Sabem quem? São espíritos altamente preparados que reencarnaram com essa missão. Mas sabem quem foram no passado? Sim, eles mesmos! Foram criaturas que erraram muito, que tiveram condições financeiras e nada fizeram, tiveram força e poder, ocuparam altos cargos na nobreza, no clero e abusaram do mando! Sim, são eles mesmos, que agora ocupam *cargos na direção das instituições espíritas, trazendo a "fachada" de bonzinhos com fala mansa. Sim, são eles! – repetiu. – Garanto a vocês que a maioria deles não perdeu o antigo gosto pelo poder, porque a sensação de mandar e ser obedecido é ainda um sentimento que apenas a humildade pode destruir, e posso garantir-lhes: poucos, muito poucos, atingiram o grau da humildade. Não se impressionem com as aparências: são túmulos caiados. Posso assegurar que a maioria ainda sente o prazer da bajulação. Posam de humildes, mas são verdadeiros poços de vaidades! Gostam de elogios, dos holofotes e de estar em evidência, demonstrando arrogância disfarçada de sabedoria e conhecimento. No fundo, no fundo, ainda trazem o ranço do passado que todos nós conhecemos.*

Confesso que as palavras de Érebo davam-me arrepios. O comandante das trevas era extremamente inteligente e impiedoso. Notando minha preocupação, Ulisses esclareceu-me:

– Érebo não deixa de ter razão, Virgílio. Entretanto, sua fala é um tanto quanto exagerada. Mas não deixa de ser um alerta para uma autoanálise dos dirigentes e responsáveis pelas casas espíritas, que, apesar de devidamente preparados para a missão que lhes foi confiada e contar com o amparo espiritual de que necessitam, jamais devem esquecer a máxima: conhece-te a ti mesmo, porque o maior inimigo habita em nós mesmos. Existe uma palavra que gostaria de destacar aos nossos irmãos encarnados, que foi sobejamente enfatizada por Érebo: humildade. Os dirigentes espíritas devem estar atentos na busca da humildade, para não escorregar nos desvios do personalismo que tem levado a quedas formidáveis muita gente boa. Érebo sabe disso e sugere essa ideia a seus comandados, como observamos aqui nesta noite.

Como se estivesse nos ouvindo, o comandante das trevas deu prosseguimento à sua explanação, com o seguinte comentário:

– *A palavra mágica é: vaidade. Devemos explorar ao máximo a vaidade dos líderes espíritas, pois eles também são humanos, como qualquer um outro. É verdade, têm o conhecimento da doutrina, da fé raciocinada. Mas até o conhecimento pode ser um motivo de vaidade. Temos de cercar esses líderes de bajuladores, de pessoas que possam se esmerar em elogios, aplausos, enaltecimento e louvores. Em pouco tempo, vocês verão que eles se transformam em verdadeiros pavões, desfilando sua presunção e suas plumas.*

"A vaidade leva o médium ao encantamento por si mesmo, acreditando que é o maioral, olhando por cima de todos com o nariz empinado, mas tendo o cuidado para não deixar transparecer a vaidade, como o pavão oculta os próprios pés. É a fascinação que leva muitos líderes espíritas a gostar do culto ao personalismo, irando-se quando surge alguma crítica adversa. Perceberam? O sinal favorável à nossa atuação é quando o dirigente, diretor ou líder se irrita diante das críticas que recebe, não se prestando ao bom-senso de pelo menos dar uma parada para analisar se a crítica é procedente ou não. Esse é o sinal característico de que entraram na sintonia adequada, e podemos, então, oferecer a corda para que eles próprios se enforquem!"

Novamente, veio-me o pensamento e a estranha sensação de que, não fosse o objetivo destrutivo de Érebo, seria uma palestra de alerta direcionada aos dirigentes espíritas encarnados.

– *Entenderam? – prosseguiu Érebo. – Atingida a cabeça, o corpo desmorona! Outra coisa que devemos explorar nos líderes e*

Irmão Virgílio | Antonio Demarchi

dirigentes espíritas: o sentimento de inveja. Quando alguém alcança alguma evidência ou notoriedade, via de regra, ele próprio deve se cuidar para que a vaidade não sufoque sua razão e bom-senso, o que raros fazem. Entretanto, não podemos perder de vista os demais líderes, incutindo-lhes o sentimento da vaidade, de forma que aqueles que se encontram nesta sintonia fiquem aborrecidos e manifestem, ainda que silenciosamente, sua contrariedade por não terem sido convidados para este ou aquele evento, por não participarem deste ou daquele programa radiofônico ou televisivo, e assim por diante. Vaidade e inveja formam uma dupla digna de elogios de dar inveja! – gargalhou com a própria ironia. – Porque muita gente boa já escorregou nessa casca de banana. Dessa forma, a possibilidade de sucesso aumenta muito. Devemos envolver os frequentadores nas futilidades, no falatório e na maledicência; os trabalhadores, nos melindres e fofocas; os dirigentes, na vaidade e na soberba, sem esquecer o sexo desvirtuado. Garanto a vocês que muita gente boa vai escorregar feio em quedas formidáveis, das quais será muito difícil se levantar, porque estaremos a postos para incutir-lhes o desânimo, a falta de coragem para a luta através de processos obsessivos e depressivos profundos. O restante é rotina pessoal, e esse trabalho vocês têm executado muito bem: o envolvimento dos jovens com a disseminação das drogas, a popularização das bebidas, as baladas onde transpiram sexualidade e os desregramentos, tudo está perfeito e correndo como planejado. Alguém mais tem alguma dúvida? – perguntou Érebo, dando a entender que sua explanação havia chegado ao fim.

Ninguém mais se manifestou em tom de questionamento, e a reunião chegou ao fim com a palavra de Polifemo, que alertou a legião de chefes obsessores a cumprir à risca as orientações determinadas naquela noite.

Nada mais tínhamos que fazer naquelas paragens e, então, abandonamos os sítios de domínio de Polifemo e Érebo, retornando à Colônia Irmão Nóbrega, em rápido deslocamento volitivo. Observei que, enquanto para trás ficavam as regiões sombrias das trevas, no alto da abóbada celeste, a luz das estrelas faiscava na imensidão do firmamento, envolvendo todo o espaço na grandeza do Criador, mostrando-nos que mesmo as regiões mais sombrias da escuridão também estão envoltas no amor do Pai Eterno. Apenas não haviam aberto as portas da sensibilidade para que a luz pudesse entrar, espantando as trevas que ainda reinam nos corações endurecidos pela prática do mal.

Irmão Virgílio | Antonio Demarchi

Uma assembleia de luz

No dia seguinte, ao dirigir-me ao Edifício da Orientação, o instrutor observou meu semblante de preocupação. Abraçou-me com o afeto de um irmão mais experiente e, sorrindo, adiantou-me informações importantes.

Após o retorno da missão da noite anterior, os responsáveis pela caravana prepararam minucioso relatório contendo todos os detalhes das observações efetuadas, que foi reportado aos dirigentes da colônia, o que imediatamente foi retransmitido às esferas superiores.

Esclareceu-me o instrutor que, na verdade, as atividades de Érebo, Polifemo e de outros espíritos das trevas não representavam surpresa nem novidade aos irmãos mais elevados e experimentados nas lides espirituais. O diferencial agora era que haveria um aumento dos ataques, em todos os aspectos, ângulos e espaços, de forma inteligente, não sendo frontais, mas sorrateiros e insidiosos, e, por essa razão, representava um grande perigo.

– *Todos nós já sabemos que, neste momento da humanidade, os ataques das forças do mal iriam se intensificar em todos os sentidos e em todos os quadrantes do globo terrestre, tanto no aspecto material quanto no espiritual. Tomaremos todas as medidas e precauções necessárias, e uma delas foi o motivo de sua participação na missão, Virgílio, porque, a par das providências espirituais, sua mensagem aos encarnados representará um importante fator de alerta aos nossos irmãos de todos os credos, para que fiquem atentos, em vigilância e oração, pois como nos alerta o Evangelho: "Ai de vós que habitais na terra e no mar, porque o mal virá até vós cheio de fúria e cólera, porque sabe que pouco tempo lhe resta."*[9]

Fiquei pensativo diante das palavras ponderadas do instrutor. As orientações de Érebo não deixavam nenhuma margem à dúvida quanto aos objetivos e determinações estabelecidas naquela assembleia do mal. Em resposta aos meus pensamentos e preocupações, o instrutor complementou:

– *Sem dúvida, Virgílio. O grande problema é que nossos irmãos encarnados já receberam tantos e tantos avisos, de todas as formas possíveis, quanto à gravidade do momento que a humanidade vive. Esse é o motivo de nossa preocupação, porque muitos já até se habituaram aos alertas dos amigos espirituais, pensando: "Ah! Mais um alerta do plano espiritual", e acabam não considerando isso com a seriedade necessária. Será simplesmente mais um alerta que se perde no meio de tantos outros anteriores. Aliás, Érebo e Polifemo*

---

9. Apocalipse, 12: 12. (N.A.E.)

Irmão Virgílio | Antonio Demarchi

O Sétimo Selo | O Silêncio dos Céus

contam com atitudes como esta e até a mencionaram na reunião, lembra-se? – perguntou-me.

Sim, eu me lembrava perfeitamente. Érebo contava com a insensibilidade e o comodismo das criaturas humanas, apesar de todos os alertas e da preocupação dos benfeitores espirituais diante do perigo iminente. Ulisses prosseguiu:

– Entretanto, apesar da indolência, do comodismo e da insensibilidade de muitos, os espíritos superiores, amparados pelas hostes do Cristo, empenharão os melhores esforços no sentido de que possamos "acordar" o maior número possível de criaturas humanas, conduzindo-as para a segurança do redil do Divino Pastor. Mas, para tanto, importante e fundamental é o ser humano se dispor a sair do estado de conforto e conveniência perniciosa.

Enquanto fazia minhas anotações, à guisa de esclarecimento, o instrutor informou-me de que, naquela noite, às nove horas, haveria uma reunião no Grande Anfiteatro Central do Irmão Nóbrega, com a participação de espíritos de esferas superiores, para que o assunto fosse amplamente discutido e, posteriormente, analisadas as providências mais adequadas. O instrutor disse que minha participação estava autorizada para efeitos de estudos e informações aos encarnados, uma vez que ainda me conservava muito próximo à linguagem e compreensão dos seus costumes, o que poderia facilitar e tornar mais compreensível a eles as referidas mensagens.

Agradeci, comovido, ao convite, consciente na minha condição de aprendiz. Senti-me como um recruta a quem é confiada uma mensagem de vital importância, para que seja levada diretamente ao *"front"* para que os demais combatentes não esmoreçam na luta e que se sintam amparados e protegidos diante da árdua batalha. O que mais importava é que a mensagem chegasse com fidelidade e de forma compreensível ao seu destino, despertando a cada um para a seriedade e a gravidade do momento que a humanidade vive.

O instrutor sorriu complacente diante de minha figura de linguagem.

– *É exatamente isto que você está pensando, Virgílio. Não tem importância se o mensageiro seja graduado ou simplesmente um recruta, o que importa é que a mensagem seja levada a bom termo e possa atingir seu objetivo com o impacto, a seriedade e a gravidade que o momento requer. Esteja no Grande Anfiteatro às nove horas da noite* – complementou, com um sorriso bondoso.

Ao cruzar o portal do Grande Salão, senti-me tomado por forte emoção. Quando observei o salão em forma tridimensional, minhas vistas ficaram deslumbradas ao observar que o limite espacial não se restringia apenas à ideia dimensional que estamos acostumados no mundo material, pois se estendia muito além do espaço onde nos encontrávamos. Da abóbada luminescente, faiscavam miríades luzes que pareciam fundir-se com outras dimensões de esferas mais elevadas, perdendo-se diante de minha pobre visão, deslumbrada diante de tanta beleza. A energia que se irradiava do alto fundia-se no ambiente com irmãos de nossa esfera que eu já conhecia, enquanto, do alto da abóbada, surgiam formas luminosas e vaporosas que inicialmente apenas pareciam focos de luzes esvoaçantes e aos poucos tomavam forma, apresentando irmãos de beleza indescritível.

O ambiente era de alegria, paz, harmonia, luz e amor. O venerável "Médico dos Pobres" estava presente e sua figura

Irmão Virgílio | Antonio Demarchi

ímpar irradiava luz, amor e bondade que a todos contagiava por sua simplicidade.

Senti-me pequeno diante da grandeza espiritual de tantas figuras venerandas, de forma que procurei acomodar-me ao lado do Instrutor Ulisses, enquanto completava-se o quadro dos irmãos mais elevados, que, naquele momento, se manifestavam no ambiente saturado de luzes e energia.

Eram exatamente nove horas da noite, quando o Apóstolo do Cristo, o venerável médico e irmão dos desvalidos, assumiu a direção da Assembleia, com sua palavra mansa e amorosa, mas cheia de energia e autoridade.

– *Caros irmãos em Cristo* – começou ele. – *Aqui estamos, nesta noite, contando com a presença de irmãos de esferas mais elevadas, para que todos possam avaliar, com precisão, quão profundo é o sentimento de respeito que eles sentem pelo trabalho de vocês, neste período de transição, que, aliás, já foi previsto com milênios de antecedência. Esses iluminados irmãos, em nome do Cristo, envolvem o planeta com vibrações poderosas de amor, as quais se traduzem em luz e energia.*

"Cada criatura humana que se situa com afinidade neste diapasão vibratório sente o amor e a alegria pulsar em seus corações, apesar das tribulações, da agonia, da violência e das dores que campeiam por todos os cantos do planeta. Na violência, encontra a oportunidade de servir; na dor, esquece a si mesmo para estender as mãos ao infeliz; na agonia, encontra forças para amar e perdoar sem restrições; na tribulação, encontra a caridade que encoraja, fortalece e restabelece o bom ânimo. Os irmãos encarnados que vibram nesta sintonia são aqueles que encontram no trabalho da

caridade a coragem para superar as próprias fraquezas e vencer com o Cristo".

"O trabalho em nome de Jesus fortalece sempre quem quer que seja, ocupa a mente, eleva a criatura e a coloca em sintonia com as forças sublimes que se irradiam pelo globo terrestre. O Evangelho ilumina, mas o trabalho eleva. A vigilância alerta, mas a caridade fortalece. A oração protege, mas o amor sublima. Todavia, o motivo de nossas preocupações não é este. Há irmãos que, destemidos diante dos ataques das trevas, se agigantam no amor de Jesus, porque estão bem e continuarão cada vez melhores, alicerçados no trabalho da prática do amor e da caridade. Continuarão a enfrentar o mar bravio e as ondas perigosas e avassaladoras com bravura e coragem, estendendo as mãos, levantando os caídos, amparando os fracos, vestindo os desnudos, agasalhando os que têm frio, alimentando os famintos, cuidando das criancinhas abandonadas, dos velhinhos desvalidos, conscientes de que não estão sozinhos e jamais estarão, porque estão em sintonia com a vibração de amor do Cristo, que se irradia e envolve o planeta."

"Nossa preocupação se estende aos irmãos que ignoram os alertas dos bons espíritos e se comprazem na sintonia vibratória negativa do ódio, do rancor, da maldade, da brutalidade, da avareza, do egoísmo, da vaidade exacerbada, da preguiça, do comodismo e do sexo promíscuo e primitivo. São ondas vibratórias pesadas e vigorosas, alimentadas pelas forças das trevas que circundam o planeta, envolvendo a todos que vibram nessa sintonia perigosa. Estes, sim, são motivos de preocupação, porque fazem exatamente o jogo planejado pelas trevas, sem se conscientizarem de que se converteram em simples joguetes nas mãos desses irmãos menos felizes, que um dia haverão de se curvar diante da luz do Cordeiro, mas, por enquanto,

Irmão Virgílio | Antonio Demarchi

por opção própria, ainda preferem as trevas e a escuridão, arrastando consigo criaturas distraídas e invigilantes."

"Sentimo-nos entristecidos, sabendo que, infelizmente, grande parte da humanidade que vibra na sintonia pesada do mal será arrastada para o abismo de forma indelével, como o imã atrai o ferro. É a lei da sintonia vibratória, pela qual semelhante atrai semelhante em virtude do sentimento que vibra em cada alma, em cada coração, e assim deverá se cumprir uma etapa evolutiva da humanidade terrestre. Mas lamentamos profundamente o fato de que o Cristo esteve conosco há mais de dois mil anos, e muitos ainda não compreenderam a mensagem de amor e libertação do Mestre. Que pena!"

"Porém, conclamamos a todos para a boa luta! Sabemos que as forças do mal contam com a indolência, a preguiça, o comodismo, os sentimentos de egoísmo e a vaidade da criatura humana, mas, ainda assim, atuaremos com todos os recursos que o amor do Cristo nos proporciona. Não poderemos esmorecer jamais, a começar pelos irmãos que já conhecem o Evangelho e não o praticam. Exatamente estes, que sob qualquer pretexto fogem da luta, que buscam desculpas para justificar a falta de vontade, a preguiça e o comodismo diante dos convites para o trabalho na Seara do Mestre, os que adiam indefinidamente os compromissos assumidos. Esse é um alerta para aqueles que conhecem o Evangelho, que dizem amar ao Cristo, que entoam cânticos de louvores, mas, na hora da reforma íntima, no momento de arregaçar as mangas e trabalhar arduamente, simplesmente ignoram os chamamentos. Esse trabalho de apoio e reabilitação aos falidos nas tarefas da Seara do Mestre é intenso e obedece ao comando direto do Divino Cordeiro, que acompanha já há algum tempo essa tarefa, que agora está sendo levada a efeito em caráter *prioritário e em escala planetária, tanto na esfera física quanto nas esferas espirituais."*

A palavra do apóstolo ecoava clara e serena no espaço do grande anfiteatro, cuja abóbada se fundia com planos superiores pela luminosidade que descia do alto, envolvendo todos os presentes. A sublime figura do venerável Médico dos Pobres estava cercada de luz, tocando cada coração, deixando-nos em estado de profunda emoção.

— Esta é a mensagem que queremos deixar a todos vocês. Apesar do grande número de criaturas humanas sintonizadas nas ondas magnéticas do mal, nem tudo está perdido, e o Divino Amigo sabe que todos nós, sem exceção, darão o melhor de si para que o amor possa resgatar até a última ovelha perdida — disse, referindo-se à parábola de Jesus —, e, dessa forma — continuou —, convocamos todos aqueles de boa vontade para a boa luta, porque o tempo urge. Certamente, quando essa fase de transição estiver concluída, a humanidade que aqui permanecer receberá um planeta de regeneração com muito trabalho a ser feito, mas a paz reinará no coração de todos. Será uma humanidade que se desdobrará no trabalho do amor, para restabelecer o equilíbrio de um planeta sofrido e abalado com as catástrofes naturais e aquelas da natureza humana, que agrediram e castigaram o orbe nos últimos anos. Mas será uma tarefa dignificante e gratificante, pois será restabelecido o Reino do Cristo que habitará o coração de cada um. Por isso, Jesus nos recomendava: "Edifica em ti o Reino de Deus, porque o Reino de Deus está em vossos corações."

Observei que o amado amigo estava emocionado. Lágrimas desciam pelo seu rosto, umedecendo sua longa barba.

Irmão Virgílio | Antonio Demarchi

– O Divino Pastor jamais esquecerá qualquer ovelha de seu rebanho. Mesmo aquelas desgarradas do aprisco! – enfatizou. – O querido Mestre acompanhará de perto aqueles irmãos menos felizes, que não fizeram por merecer habitar nosso abençoado planeta em sua nova fase. No momento da partida para o novo berço que os acolherá na condição de um planeta ainda em estágio primitivo, Jesus os envolverá na luz do amor que eles próprios recusaram, inspirando-os para a tarefa de redenção que terão de retomar, em um planeta inóspito, para as condições terrenas, mas que representará a cada um nova e abençoada oportunidade, para se redimirem pela dor, rememorando e reaprendendo velhas lições esquecidas. Creiam, meus irmãos, que o amor de Jesus pela humanidade é ilimitado, e mesmo esses infelizes irmãos banidos do nosso planeta não estarão desamparados nem esquecidos. O Divino Amigo acompanhará os passos de cada um em sua jornada redentora ao longo dos milênios incontáveis, e sempre haverá festa no Reino do Senhor quando um filho pródigo retornar redimido à casa Paterna. Nenhum filho se perderá, nem uma ovelha será esquecida na bondade do Divino Pastor.

O querido amigo concluiu sua preleção com os olhos marejados em lágrimas. O ambiente apresentava-se translúcido e saturado de energias sutis, e todos os presentes, sem exceção, encontravam-se emocionados, tocados por aquela vibração sublime que nos envolvia, deixando-nos em estado de profunda emoção.

Todos os presentes desejavam um abraço do ilustre visitante que, amoroso e paciente, a cada um acolhia com um sorriso e uma palavra de conforto e carinho.

Ao sair do grande anfiteatro, sentia-me sensibilizado por tudo que presenciara e, ainda em estado de êxtase, observei maravilhado o espaço cósmico, onde milhares de estrelas faiscavam alegremente no firmamento.

No dia seguinte, encontrei-me com o Instrutor Ulisses na Biblioteca Eurípedes Barsanulfo. Lá, o instrutor queria me apresentar a um novo companheiro, que integraria nossos estudos. Era o Irmão Heleno, proveniente da Colônia Redenção, que se localizava em região do espaço próxima ao Planalto Central.

– Irmão Heleno é um trabalhador com longa experiência, estudos e trabalho, acompanhando de perto as atitudes do ser humano, particularmente aqueles que, de uma forma ou de outra, detêm o poder de mando público. Por orientação superior, Heleno acompanhará nossos trabalhos, pois também tem uma importante missão junto de nossos irmãos encarnados nas esferas do poder político.

Senti, de imediato, grande simpatia por Irmão Heleno, que se apresentava com simplicidade e humildade própria dos espíritos que venceram a etapa dos apegos materiais. Na verdade, ele era uma figura conhecida, que militara na política brasileira em tempos recuados e o fizera com desapego e desprendimento, lutando corajosamente pelos menos favorecidos, sendo um dos poucos políticos a ocupar cargos de relevância, poder, que morrera na pobreza material.

Espiritualmente, seu tesouro de aquisições era imenso. Em pensamento, imaginei como deveria ser ingrata a tarefa de Irmão Heleno, pois, lamentavelmente, nossos irmãos políticos, com raras e honrosas exceções, extrapolam, no exercício de suas funções, esquecem dos compromissos assumidos no mundo espiritual e prevalecem em proveito próprio, em detrimento dos menos favorecidos.

Irmão Heleno acompanhou meus pensamentos e sorriu, tristemente.

– *Tem razão, Irmão Virgílio. Ainda é com imensa tristeza que acompanho os passos de nossos irmãos que reencarnam com o sagrado dever do mandato político. De um modo geral, no início de suas carreiras, a maioria alimenta o desejo sincero de fazer da política a ferramenta preciosa para o bem-estar da população. Mas, quando estão investidos no cargo, embriagam-se pelo poder temporal, encantam-se com as facilidades que o poder lhes faculta, enlouquecem com as possibilidades do ilícito, ficam fascinados com o brilho monetário e esquecem completamente de seus objetivos iniciais, e terminam por se corromper de forma profundamente lamentável. Temos, no cenário político de hoje, irmãos que detêm cargos de grande responsabilidade, porém fraquejaram diante das seduções e se corromperam diante do poder. Infelizmente, o cargo político é uma grande prova em que a maioria naufraga fragorosamente e, quando aportar no lado de cá, sofrerá as consequências de suas atitudes indecorosas, irrefletidas e inconsequentes, mas, então, será muito tarde para lamentações. Não podemos esquecer jamais o pensamento que diz: "quer conhecer uma pessoa? Dê poder a ela".*

Diante das palavras do Irmão Heleno, concordei, lamentando a fragilidade moral do ser humano diante das tentações do mundo de César.

– *Todavia, não podemos perder as esperanças* – prosseguiu Irmão Heleno –, *ainda sigo acreditando no ser humano, apesar de suas fraquezas. A política séria é a ferramenta necessária para* mudar os destinos dos países, do mundo e do ser humano. O problema não é a política em si, da mesma forma que o mal não está simplesmente no dinheiro, mas no ser humano que se utiliza da política em benefício próprio e em prejuízo do povo. Os recursos monetários nas mãos dos bons produzem grandes benefícios, levantam hospitais, edificam escolas e creches, constroem estradas e tanto proveito ao povo.

"Entretanto, fica o alerta aos nossos irmãos políticos a respeito das responsabilidades espirituais, na proporção da importância dos cargos em que estão investidos, pois responderão com severidade às atitudes praticadas. Devo dizer, Virgílio, que esses irmãos que corrompem a própria consciência diante do mal no exercício do mandato político, neste período de transição que nosso planeta atravessa, são, agora, sérios candidatos a se eleger para ocupar outra posição no plano espiritual: o de degredados em um planeta primitivo, onde, certamente, irão lamentar, chorar e sofrer em lutas ásperas diante das dificuldades e da dor que redime o infrator, recupera o relapso, desperta o negligente e renova os faltosos diante da Lei de Causa e Efeito e da Misericórdia Divina".

Meditei nas palavras daquele querido irmão, recordando o ensinamento de Jesus, que nos alertava como é difícil passar pela porta estreita e como é fácil transitar pela porta larga da vida, que nos leva aos enganos e à perdição diante das facilidades do mundo. Acompanhando meus pensamentos, Irmão Heleno prosseguiu em suas ponderações:

— Tivemos políticos honestos, Virgílio, e, ainda hoje, os temos, embora poucos, é verdade. Não é difícil reconhecê-los: são homens honrados, de moral inquestionável, de vontade firme e desejosos

O Sétimo Selo | O Silêncio dos Céus

de fazer da política uma oportunidade de servir à nação, ao povo e aos menos afortunados. São aqueles que não se privilegiam no poder e que, apesar dos anos, não enriqueceram ilicitamente, não se utilizaram de manobras regimentais nem de influências no partido para se perpetuar no poder, não transformaram o cargo ao qual foram eleitos em feudos que defendem com unhas e dentes para abrigar a parentela inoperante e os amigos oportunistas. Ah! Os bons políticos também podem ser reconhecidos e identificados, porque, apesar dos vendavais dos escândalos, que vêm a público e sacodem o cenário político de quando em vez, seus nomes jamais foram associados a qualquer ato vergonhoso, a manobras espúrias ou práticas ilícitas. De um modo geral, é uma minoria, mas são esses homens honrados que nos fazem acreditar, no lado de cá, que, um dia, conviveremos com uma política transparente e honesta, porque a humanidade também terá se regenerado. Na verdade, nossos políticos atuais são um reflexo da própria humanidade, na figura do ser humano que se cala quando recebe um troco maior na padaria ou do caixa do supermercado; naquele que oferece propina ao policial para escapar da multa; do fiscal que recebe vantagens monetárias ilícitas para acobertar débitos fiscais e do empresário que o corrompe; daquele que oferece suborno para conseguir facilidades indevidas; do motorista faltoso que ludibria o sistema de multas para continuar dirigindo com irresponsabilidade; do aluno que não estuda e por meio da "cola" pensa que engana o professor, mas está enganando a si mesmo. É tudo muito lamentável, mas é a verdade nua e crua. A verdade é que ainda temos muito que aprender e evoluir no campo da moral – finalizou, com tristeza, Irmão Heleno.

Ouvi as palavras do Irmão Heleno, que soaram como uma triste advertência a respeito da conduta e da moral do ser humano. Entretanto, é reconfortante saber que, apesar de muitos pensarem e agirem dessa forma, a maioria das criaturas é de boa índole e de boa-fé. Talvez somente um pouco desatenta e distraída quanto aos valores morais do Evangelho.

Irmão Heleno, que acompanhava meus pensamentos, finalizou sua advertência:

– *Tem toda razão, Virgílio. O que adianta o homem vencer no mundo e perder sua vida? Jamais poderemos nos esquecer que o mais importante é vencer com Jesus no coração, porque poderemos até não ser reconhecidos no mundo dos homens, mas teremos o reconhecimento do Cristo, porque vencemos o mundo das tentações e dos enganos.*

Até então, o Instrutor Ulisses, que acompanhava com simpatia nosso diálogo, informou-nos a respeito das orientações dos espíritos superiores, que seriam colocadas em prática imediatamente.

– *Como vocês já sabem, existe uma grande preocupação das hostes espirituais superiores a respeito da atuação maciça das forças das trevas. Eles estão atuando de forma avassaladora!* – enfatizou o instrutor. – *Entretanto, seremos nós que estagiaremos em colônias espirituais intermediárias, sob a orientação direta dos irmãos maiores e sob a égide de Jesus, que acompanha de perto o desenrolar desses acontecimentos, quando colocaremos em prática o trabalho de medidas preventivas e alertas junto dos irmãos encarnados.*

"Haverá muitas palestras nas diversas colônias, onde serão convocados, no estágio do desdobramento pelo sono, irmãos encarnados de todas as religiões, formadores de opinião, que tenham condição para funcionar como multiplicadoras das mensagens e dos

alertas. Serão aqueles irmãos que, independentemente da religião professada, são criaturas sinceras e comprometidas com o bem e, de acordo com sua crença, procuram seguir os ensinamentos de Jesus. De acordo com o grau de espiritualidade de cada um, poderá estar mais lúcido ou não, mas não importa, porque a mensagem será profunda e impactará cada representante."

"No dia seguinte, despertará sob forte emoção e, sob supervisão espiritual, terá a inspiração necessária para levar a palavra do Evangelho e os alertas na comunidade, no templo, no culto ou na igreja em que atua. Por outro lado, atuaremos diretamente nas casas espíritas, onde os mentores serão orientados a levar a palavra de alerta aos trabalhadores e frequentadores. Esta noite ainda, quando a maioria dos encarnados já estiverem sob o efeito do sono, serão conduzidos para as respectivas colônias de cada região, para ouvir palestras de orientação, obedecendo aos parâmetros, de acordo com o cronograma do plano de ação traçado pelos espíritos superiores."

Meditei sobre as palavras do instrutor, avaliando a extensão da luta a ser travada entre luz e trevas, que alcançava a dimensão planetária, e recordei as palavras de João Evangelista, quando, em sua visão, nos alertou que, no fim dos tempos: *"as forças do mal seriam soltas e sairiam pelo mundo a seduzir as nações pelos quatro cantos da terra de Gogue e Magogue, para reuni-los para a grande peleja. Marcharam pela superfície da Terra e sitiaram o acampamento dos santos e a cidade querida. Desceu, porém, o fogo do céu e os consumiu. As forças do mal foram vencidas e lançadas para dentro do lago de fogo e enxofre, onde se encontram a besta e o falso profeta."*[10]

---

10. Apocalipse, 20: 7-10. (N.A.E.)

O instrutor concluiu:

— *Na verdade, esta é uma batalha que já está em andamento há alguns anos, Virgílio. Entretanto, neste momento, a extensão dos acontecimentos é muito mais ampla e ocorre em todos os quadrantes do planeta, em todas as dimensões, sem exceção, de Gogue e Magogue, como dizia o Evangelista. Ainda há tempo para aqueles que desejam buscar a segurança do abrigo do Divino Pastor, mas, infelizmente, àqueles que não ouvirem a doce voz do Mestre, os seus alertas serão lançados para dentro do lago de fogo e enxofre, que simboliza o planeta primitivo para onde serão banidos.*

As palavras do instrutor soaram, trazendo um raio de esperança. Mas, no fundo, era também uma grave advertência ao ser humano ainda indeciso. Não pude deixar de recordar mais uma vez as palavras do Apóstolo João: *"Continue o injusto a praticar a injustiça, continue o sujo a sujar-se ainda, o justo continue na prática da justiça e o santo continue a santificar-se."*[11]

O instrutor, mais uma vez, com suas palavras esclarecedoras, concluiu meus pensamentos:

— *Na verdade, Virgílio, neste período de transição da humanidade, todos nós já estamos a postos para o grande exame final. A folha das provas relativas às disciplinas do amor, da fraternidade, da mansidão e da humildade já estão sobre a carteira, para que cada aluno possa preencher os requisitos exigidos, e, como não existe meio termo, aqueles que alcançarem a média mínima exigida, serão aprovados. Os demais, que não obtiverem a média, serão reprovados, retornando às disciplinas das primeiras lições negligenciadas, em*

---

11. Apocalipse, 22: 11. (N.A.E.)

sala de aula compatível com seu estágio de aprendizado. O alerta do Evangelista é oportuno e grave, pois aquele que se encontra envolvido na sujeira é porque sua índole o conduziu àquele estágio e continuará a praticar as sujeiras, fazendo ouvidos surdos aos conselhos e apelos. Aqueles que se comprazem com a injustiça, porque tiram vantagens dela, também se tornam insensíveis aos chamamentos e, dessa forma, continuam nela envolvidos, na vã ilusão de que esse estado jamais tenha fim. Por outro lado, os justos e as criaturas de boa vontade terão que ser firmes e dar firmes testemunhos em nome do Cristo, para não sucumbir no tumulto da onda vibratória negativa e avassaladora que envolve o planeta e, por essa razão, a advertência de João: "Quem é justo, justifique-se ainda, e quem é santo, continue a santificar-se."

Eu e Irmão Heleno ouvimos as advertências do instrutor, e essas calaram profundamente em nossos corações, de forma que permanecemos em respeitoso silêncio meditativo.

As trevas
em ação

No dia seguinte, Irmão Heleno e eu, sob a orientação do Instrutor Ulisses, nos encontrávamos na crosta terrestre, para acompanhar de perto o *modus operandi*, método de trabalho, dos emissários de Érebo e Polifemo.

O momento não poderia ser mais oportuno para a legião das trevas. Era semana de Carnaval, e a onda vibratória negativa que envolvia as grandes metrópoles, onde as festividades tradicionais fervilhavam, tornava-se quase asfixiante.

Nos meios televisivos, as chamadas da folia eram insinuantes, constantes e provocativas. Programas destinados a transmitir desfiles destacavam a nudez artística com naturalidade, onde o sapato nos pés e as plumas no alto da cabeça eram as indumentárias mais recatadas. Nos clubes, a folia corria solta em meio aos apelos sensuais provocantes, predominando sempre a nudez feminina. Em algumas capitais, onde a tradição do carnaval de rua vem de longa data, veículos dotados de som estridente, animados por artistas enebriados pelo prazer, cantavam, sentindo-se, talvez, como semideuses no alto do Olimpo, enquanto embaixo, embalados pelo som hipnótico, jovens, homens e mulheres se entregavam ao prazer da sensualidade promíscua, onde dizia-se, no dito popular: "ninguém é de ninguém, e tudo é permitido".

O Instrutor Ulisses nos orientou para que pudéssemos observar atentamente as atitudes do ser humano, diante da influência das ondas magnéticas negativas e perturbadoras, tanto no aspecto dos encarnados quanto do lado espiritual.

Dessa forma, nos movimentamos em direção à multidão que sacolejava e gritava, aparentemente em estado de completa euforia. Observei que a maioria era composta por jovens que pareciam hipnotizados pelo prazer, seguindo os carros de som, os famosos "trios elétricos" de sua preferência. No alto dos carros, grupos musicais, secundados por jovens nuas, com os corpos cobertos por pinturas, animavam a multidão, que acompanhava o som estridente com gritos eufóricos, quase ensurdecedor, dos alto falantes.

Entre os encarnados que se entregavam ao prazer da folia, era fácil identificar outra multidão, de espíritos que se aproveitavam da invigilância e das vibrações libidinosas que se assemelhavam aos instintos mais primitivos da sexualidade animal, para envolver os encarnados distraídos em uma obsessão extremamente perigosa.

Os sentimentos do desejo promíscuo eram avassaladores e transpiravam dos corpos suados, regados a cerveja, energéticos e outras drogas, ainda mais pesadas. Podia-se verificar que mesmo os mais tímidos e recatados, quando se uniam à multidão, imediatamente eram envolvidos na sintonia sensual e agressiva que vibrava no ambiente de forma irresistível, arrastando as criaturas que se liberavam quase imediatamente de qualquer resquício de pudor, abrindo totalmente a guarda e deixando fluir as sensações da libido. No Carnaval, veste-se a fantasia, esquece-se dos problemas do dia a dia, entrega-se à paixão, porque tudo é diversão, tudo é permitido, dizem os foliões.

A sensualidade transpirava no ar, e a equipe de Érebo e Polifemo atuava de forma envolvente e eficaz. Percebia-se que, enredadas naquele nível de vibração, as resistências eram facilmente vencidas, e as criaturas perdiam completamente a condição do raciocínio lógico. Naquele estado de emoção, não percebiam que compartilhavam os mesmos desejos com seus companheiros espirituais, que os envolviam, inebriados pelas energias que sugavam de seus medianeiros invigilantes. Podia-se observar que tudo era pretexto para as experiências do instinto, de forma desregrada, sem sentimento ou complexo de culpa.

Sob orientação do Instrutor Ulisses, Irmão Heleno e eu nos elevamos à determinada altitude, onde pudemos verificar que a onda vibratória escura da sensualidade se estendia de forma intensa por toda região onde se desenrolavam as festividades do Carnaval. Ganhava espaço, avançando insinuante por toda cidade.

O instrutor acompanhava atentamente minhas anotações e as anotações do Irmão Heleno, que também estava impressionado diante do quadro presenciado.

– Instrutor – questionou Heleno –, *em nosso campo de visão é fácil identificar a atuação direta dos espíritos mal-intencionados. Por que o encarnado tem dificuldade de identificar essa atuação? Não percebem que entram em um campo perigoso e extremamente perturbador?*

– *Disseste bem, Heleno, em nosso campo de visão é fácil identificar esse envolvimento, porque não estamos na mesma sintonia vibratória do ambiente e, por essa razão, temos completa isenção e equilíbrio para observar e avaliar a atuação das forças das trevas em nossos irmãos encarnados que se "divertem". E não poderia ser de forma diferente, porque, se estivéssemos na mesma faixa vibratória, também estaríamos completamente envolvidos, e não teríamos a mínima noção do que acontece ao nosso redor, em nosso campo mental e espiritual.*

"Nosso campo vibratório é mais sutil e elevado do que o de nossos irmãos que se divertem em uma festa e aguardam com ansiedade, no decorrer do ano, por pessoas de todas as partes do país, inclusive do exterior, e que encontram nessas festividades o álibi perfeito que justifica qualquer atitude que seja, porque tudo é permitido, tudo é liberado no campo das sensações. Mesmo após o término da folia, quando cada um retorna para seu domicílio de origem, as pessoas continuam alimentando esse estado por tempo indeterminado, por meio dos pensamentos, as sensações vividas, agasalhando, oferecendo campo mental e dando guarida à atuação de nossos irmãos, que têm objetivos bem definidos pelas legiões das trevas. Aquele que está na matéria e vibra nessa sintonia negativa não tem percepção crítica, porque, na verdade, seus próprios pensamentos e desejos se confundem com a dos obsessores que os envolvem."

Irmão Virgílio | Antonio Demarchi

"A própria ciência nos diz que 'o imã que atrai o ferro não atrai a luz', e todos esses acontecimentos, sabemos, ocorrem exatamente neste período de transição. Como pudemos observar, tornam-se alvos fáceis porque oferecem campo mental propício para atuação das perigosas forças das sombras. Mas, como nos alertou Jesus: 'não vos assusteis, porque é apenas o princípio das dores, pois o dia ou a hora ninguém sabe, nem os anjos do céu, nem o filho, apenas o Pai, por isso estai de aviso e vigiai, porque não sabeis quando será o tempo'.[12] Entretanto, quem está atento e vigilante, como recomendou Jesus, percebe os sinais característicos dos tempos chegados. Por essa razão, nunca é demais recomendar e alertar que temos que perseverar em Cristo, testemunhando a todo instante, porque as forças do mal campeiam por toda parte, arrastando almas distraídas, que ainda não acordaram para a gravidade do momento."

"Há um esforço louvável das religiões bem-intencionadas, principalmente de nossos irmãos evangélicos, na pregação da palavra, porque, neste momento, o que a humanidade mais necessita é da presença de Jesus no coração. Ao Espiritismo, cabe uma grande parcela de responsabilidade. A divulgação dos alertas e os fundamentos da fé raciocinada representam ferramentas preciosas para levar o conhecimento da palavra que liberta o ser humano do cipoal envolvente e traiçoeiro das trevas. Entretanto, observamos que, lamentavelmente, grande parte da humanidade faz ouvidos surdos, ignorando a gravidade do momento."

---

12. Marcos, 13: 32. (N.A.E.)

"Caminhando sem direção, a sociedade se prende a preceitos de moral estranha, que ganham vulto e espaço na mídia,[13] valorizam os falsos heróis, vangloriam os espertos que levam vantagem em tudo, justificam-se em práticas duvidosas do prazer sexual e da promiscuidade. O avanço assustador as drogas, o excesso de liberalidade e a moral fraca correm soltos, para deleite das forças do mal, que envolvem e arrastam multidões de criaturas, sérias candidatas ao degredo espiritual para um mundo primitivo, porque vibram na mesma sintonia planetária deste globo. 'Continue o injusto fazendo injustiça, continue o imundo na prática das imundícies, o justo justifique-se ainda, e o santo, santifique-se ainda'.[14] Assistimos à humanidade vivendo os conflitos e tribulações já previstos para a grande transição planetária. Como pudemos observar, as forças negativas que agem no planeta encontram farta sintonia na criatura humana invigilante, de forma que o aumento desses acontecimentos ocorrem de forma avassaladora.

– Diante dos quadros presenciados – observei –, de nossa parte, o que poderíamos fazer para evitar que nossos irmãos encarnados caiam nas armadilhas das trevas?

– O que estamos fazendo, Virgílio. Observando atentamente e relatando, com fidelidade, a gravidade da situação aos nossos irmãos que se encontram na esfera física. O que observamos neste palco

---

13. O instrutor refere-se à inversão de valores, tão comum nos dias atuais. Valores morais de respeito, educação e sexo tornam-se motivo de pilhérias e patrulhamentos absurdos, com ocorrências que se tornam públicas, de artistas conhecidos que passaram por situações de constrangimentos quando declararam sua condição de preservação sexual. (N.M.)

14. Apocalipse, 22: 11. (N.A.E.)

Irmão Virgílio | Antonio Demarchi

carnavalesco assemelha-se a um furacão forte e envolvente, e quem está no olho do furacão não consegue sequer identificar e separar os próprios pensamentos e desejos dos espíritos que o envolvem no turbilhão dos prazeres dos sentidos.

– E quanto a esses irmãos que participam e se comprazem nesta situação, ainda há tempo para que possam se regenerar? – questionou Irmão Heleno.

– Ainda há tempo para muita coisa – respondeu o instrutor –, mas depende única e exclusivamente dos próprios interessados na mudança da sua postura moral. Aí, então, é que começa o grande problema, pois aqueles que se encontram envolvidos na sintonia vibratória negativa continuarão sob o jugo das trevas e dificilmente conseguirão sair ilesos das armadilhas. Envolvidos pelo mal, irão zombar, rir e fazer piadas ao ouvirem os alertas, considerando que somos "exagerados, ultrapassados, caretas, beatos e carolas". A luta é titânica, mas Cristo nos fortalece. Entretanto, o tempo corre a favor de Érebo, porque a onda avassaladora das energias negativas se alastra com vigor e velocidade surpreendentes, encontrando sintonia e arrastando mentes invigilantes.

"Por essa razão, Jesus nos alertou que o dia e a hora apenas o Pai sabe, mas que 'aqueles dias seriam de tamanha tribulação, como nunca houve desde o princípio do mundo que Deus criou, até agora, e jamais haverá. Não tivesse o Senhor abreviado aqueles dias, ninguém se salvaria, mas por causa dos eleitos que ele escolheu, abreviou tais dias.'[15] Isso quer dizer que, infelizmente para alguns,

---

15. Marcos, 13: 19-20. (N.A.E.)

o tempo já se esgotou e não terão mais oportunidade redentora em nossa esfera, pois não oferecem a mínima condição e, por essa razão, já se processa, no plano espiritual, a seleção do joio e do trigo. Todavia, para todos aqueles a quem houver alguma chance, por mais remota que seja, ainda há esperança, pois, em última instância, a própria criatura definirá sua postura e posição, se à esquerda do Cristo, ao lado do lobo e das ovelhas, ou à sua direita, juntamente com o Divino Cordeiro.

– Tudo isso é muito preocupante – argumentou Irmão Heleno. – O que mais poderia nos dizer a respeito desse momento de transição que a humanidade vive?

O instrutor ficou silencioso por alguns instantes, pensativo. Em seguida, trouxe-nos palavras que continham preciosos argumentos:

– João Evangelista, em sua visão apocalíptica, nos oferece um relato impressionante, pintando com cores fortes os acontecimentos que a humanidade atravessaria nesta grande transição, ou "fim dos tempos". Entretanto, é o próprio Jesus quem nos alerta a respeito dos momentos que estamos vivendo, chamando nossa atenção, nesta passagem: "haverá falsos cristos e falsos profetas operando grandes sinais e prodígios para enganar, se possível, os próprios eleitos. Vede o que vo-lo tenho predito: eis que ele está no deserto, não saiais, eis que ele está no interior da casa, não acrediteis, porque assim como o relâmpago sai do oriente e se mostra até no ocidente, assim haverá de ser a vinda do Filho do homem. Logo em seguida à grande tribulação, o Sol escurecerá, a luz não dará sua claridade, as estrelas cairão do firmamento e os poderes do céu serão abalados. Então, aparecerá no céu o sinal do Filho do homem e todos os povos se lamentarão ao ver o Filho do homem vindo com toda sua majestade e glória".[16]

"Se o apóstolo, por meio do Apocalipse, nos transmite com cores vivas a impressão das cenas vistas no período da grande transição, Cristo nos dá a dimensão exata dos acontecimentos que vivemos em escala planetária, tanto na dimensão material quanto na espiritual. Temos assistido a grandes tribulações geológicas, com terremotos destruidores, maremotos devastadores como jamais vistos, chuvas e enchentes torrenciais, furacões arrasadores, desastres naturais, desliza-mentos, o envenenamento da atmosfera pela ação desvairada do ser humano, a poluição desmedida dos rios, a devastação das florestas e o desenvolvimento de armas de destruição em massa que colocam em risco a própria sobrevivência do ser humano no planeta."

"Ouvimos falar de guerras e rumores de guerra, a violência em nível global, levantando nação contra nação, povo contra povo, irmão contra irmão, pais que matam filhos e filhos que assassinam os próprios pais e a completa inversão dos valores morais. Os sinais têm sido muito claros, e as hostes mais elevadas da espiritualidade têm nos alertado para o fato de que estamos, neste momento, vivenciando plenamente o período da grande transição planetária. Entretanto, o próprio Mestre nos alerta mais uma vez, dizendo: 'Aprendei, pois, a parábola da figueira seca. Quando seus ramos se renovam e as folhas brotam, sabeis que está próximo o verão. Assim também vós, quando virdes todas estas coisas, sabeis que o final está próximo, às portas'.[17]"

---

16. Mateus, 24: 24-27, 29-30. (N.A.E.)
17. Marcos, 13: 28-29. (N.A.E.)

Heleno e eu ouvimos atentamente as palavras do instrutor, ficando em silêncio meditativo. "Realmente", pensei comigo mesmo, "vivenciamos um momento solene e de extrema gravidade, mas, sem dúvida, ainda assistiremos acontecimentos muito mais dolorosos para a humanidade, pois estamos simplesmente no princípio das dores."

Olhando do alto, podíamos verificar que, da imensa névoa escura que envolvia a cidade, destacavam-se alguns pontos luminosos que se elevavam no espaço, como pequenos oásis de claridade no meio da escuridão. Diante do nosso questionamento, o instrutor sorriu e convidou-nos para nos deslocarmos até dois locais onde a emissão de luz se fazia mais intensa.

Ao chegarmos no primeiro local, verificamos que era uma igreja evangélica. Adentramos o respeitoso templo, naquele momento repleto de fiéis que entoavam cânticos e louvores ao Senhor, irradiando muita alegria com os acordes do piano que acompanhava o coral. Irmãos de nossa esfera, encarregados do culto de nossos irmãos evangélicos, ao identificarem nossa presença no ambiente, vieram nos receber com demonstração de alegria e satisfação, cumprimentando com um longo e efusivo abraço o Instrutor Ulisses.

— *Sejam bem-vindos ao nosso humilde templo, Instrutor Ulisses* — saudou-nos o irmão, que era o responsável espiritual por aquela instituição.

— *Nós é que nos sentimos muito honrados em nome do Cristo por visitar sua casa, Irmão Manassés* — respondeu o instrutor, com respeitosa reverência. — *Magnífico trabalho fazem vocês aqui, pois elevar o nome do Senhor é sempre agradável aos olhos de Deus.*

O Sétimo Selo | O Silêncio dos Céus

– Procuramos fazer o melhor, aproveitando a ferramenta que temos em mãos, Instrutor Ulisses – replicou Manassés, com humildade. – Reconhecemos que ainda falta muito em termos de raciocínio lógico, mas a fé que anima o coração de nossos irmãos é contagiante e representa o ponto de apoio mais precioso e sagrado que os sustêm e os mantêm firmes na sintonia vibratória de Jesus, na luta titânica contra as tentações do mal, diante da grande tribulação que vivemos. Não podemos exigir mais, pois cada qual se encontra em estágio evolutivo que lhe é próprio e, por essa razão, a alegria, as palmas, os cânticos e os louvores são instrumentos preciosos para o avivamento da fé cristã dos irmãos Evangélicos, que, dessa forma, contribuem para um mundo mais pacífico, apesar das imperfeições e falhas tão próprias do ser humano. Mas o que mais lamentamos, nós que acompanhamos os trabalhos dos nossos irmãos evangélicos, são as restrições que ainda fazem aos nossos irmãos espíritas.

Diante das palavras sinceras de Irmão Manassés, o Instrutor Ulisses abraçou-o com demonstração de profundo respeito.

– Meu querido Irmão Manassés, se os encarnados pudessem ter uma pálida ideia de que nos planos superiores não existem questionamentos nem divisões religiosas, certamente abrandariam o fel da crítica infrutífera e respeitariam o credo religioso de quem quer que fosse. O que mais importa é se a fé que agasalha o coração do ser humano é sincera e, ainda mais, que esta fé possa torná-lo uma criatura mais piedosa, mais humana, mais caridosa e mais cristã. Como você bem disse, cada um está em um estágio evolutivo que lhe é próprio, e a natureza não dá saltos, e isso temos que entender e respeitar, principalmente os espíritas. Chegará o dia em que haverá apenas um rebanho e apenas um pastor, e todos se confraternizarão *no sentimento do amor universal que tanto nos recomendou o Divino Mestre. Tudo isso é meritório e, por essa razão, nossa alegria em compartilhar com vocês este momento de oração e louvor ao Senhor, porque, enquanto lá fora a tormenta ruge, as forças do mal se agitam e o ser humano dança e ri, embalado por forças envolventes e perigosas, mas, aqui dentro, a luz resplandece e se eleva, trazendo a paz de Jesus, que acalma os corações dos fiéis que buscam no Cristo o refúgio para essas horas tormentosas.*

Observei que tanto Irmão Manassés quanto os demais companheiros ficaram visivelmente emocionados diante das palavras do Instrutor Ulisses. Manassés estava com os olhos marejados de lágrimas e, num abraço afetuoso, retribuiu com carinho o incentivo recebido. O Instrutor Ulisses prosseguiu:

— Estamos em missão de estudo e acompanhamento da ação das trevas, e nosso Virgílio tem uma tarefa especial de anotar e relatar aos nossos irmãos encarnados as impressões colhidas neste momento de transição planetária, enquanto nosso Irmão Heleno tem uma tarefa mais específica: a de acompanhar e orientar espiritualmente nossos irmãos que atuam no campo da política, inspirando-os e alertando-os para os graves problemas, as consequências e os encargos que ocasionarão para si mesmos diante dos equívocos cometidos, dos interesses mesquinhos e dos desvios morais e de comportamento.

A equipe espiritual de Manassés nos abraçou longamente, desejando-nos boa sorte, com o cumprimento típico dos evangélicos:

— Paz de Jesus, irmãos!

Comovidos com o carinho e o respeito daqueles irmãos tão valorosos, retribuímos o cumprimento:

– *Que a paz de Jesus esteja também convosco, irmãos!*

Já no espaço, o instrutor concluiu:

– *Infelizmente, ainda existem, por parte de nossos irmãos evangélicos situados na esfera material, restrições em relação ao Espiritismo, porque ainda se apegam à letra e não ao espírito, sem considerar as distorções ocorridas nas várias traduções sofridas pela Bíblia. Por essa razão, nossa palavra de bom ânimo aos irmãos espíritas que detêm o conhecimento da fé raciocinada e, por esse motivo, têm a obrigação de entender, compreender e tolerar as eventuais diferenças de nossos irmãos. Vemos que, na esfera espiritual, os responsáveis pela direção das instituições que são sérias já se despojaram desses entraves, pois alcançaram estágios evolutivos nos quais a visão se amplia e se alarga em novos horizontes de entendimento, mas pouco podem fazer em relação aos encarnados que situam seus pontos de vista em estreita faixa da fé, mas é essa mesma fé que os anima, como sustentáculo, e os mantém firmes, e isso não pode ser modificado repentinamente, sob o risco de, perdendo a fé, perderem também o referencial.*

Em seguida, dirigimo-nos a outra região, não muito distante, cujo foco de irradiação era minúsculo, mas de uma luminosidade muito intensa e forte. Uma curiosidade me chamou a atenção, pois observei que aquele foco luminoso se estendia no espaço e se deslocava como se estivesse em movimento.

Notei, ainda, que direcionava para o espaço raios luminosos, cujo brilho transitava em caprichosas tonalidades que tendiam ora para o amarelo, ora para o azul-claro. Quando nos aproximamos, identificamos a origem daquele espetáculo que apenas em espírito poderíamos ver: estávamos diante do exercício do amor verdadeiro. A caridade é o amor em movimento, é o amor em ação.

Na turbulenta noite em que a maioria se entregava à folia carnavalesca, existiam criaturas abnegadas, que se dedicavam ao ato da caridade junto daqueles que passam pelas amarguras da miséria. Nem para a dor, para a fome ou para o sofrimento existe trégua, seja em época de carnaval ou em qualquer outra festividade. Na época do Natal, as criaturas, de um modo geral, se mobilizam em favor dos necessitados, mas, em outras épocas, poucos se lembram de que, embaixo de pontes e viadutos, nos refúgios ocultos, gemem e sofrem os infelizes a agonia da fome.

Naquele horário da noite, apesar do calor típico da região, começava a soprar uma brisa suave como prenúncio de uma madrugada fria, e um punhado de criaturas de boa vontade, que poderia perfeitamente estar no conforto de seu lar, gozando o merecido descanso ou usufruindo como tantos outros a oportunidade do lazer televisivo, encontrava-se na rua, levando o pão material e espiritual aos trôpegos e maltrapilhos que se estendiam pelo chão como farrapos humanos.

Era um pequeno grupo de samaritanos cujo núcleo era de pessoas conhecidas por suas atividades, movidas pelo amor e pela compaixão em prol do bem, sob a égide do Cristo. Embora o dirigente responsável daquele trabalho fosse um homem de meia-idade, a maioria dos integrantes eram jovens que se destacavam no trabalho pelo desprendimento, pelo respeito com que tratavam os irmãos caídos.

Aproximamo-nos discretamente, saudando os companheiros de nossa esfera que davam suporte àquele trabalho tão meritório e, enquanto o Instrutor Ulisses conversava com os amigos, Heleno e eu nos aproximamos do grupo de jovens que ofereciam o atendimento fraterno àqueles irmãos. Chamou-me a atenção uma jovem de rara beleza física, que correspondia à sua beleza espiritual, pois irradiava gracioso halo luminoso a partir do seu tórax, enquanto despertava, cuidadosa e respeitosamente, aqueles que se encontravam adormecidos:

– Boa noite, meu irmão! – dizia, graciosamente.

Alguns despertavam rapidamente; outros, nem tanto, mas ela sempre insistia com carinho:

– Boa noite, meu irmão! Aceita um lanche ou um copo de leite quente?

A reação dos necessitados era sempre de satisfação, demonstrando já conhecer aquele grupo assistencial.

– Boa noite, senhorita Paulina, que Deus os abençoe – respondiam com um sorriso, muitas vezes exibindo as falhas dentárias.

Alguns pareciam embriagados; outros, aos farrapos e sujos, de um modo geral malcheirosos, mas aquilo não era empecilho para aquele pequeno grupo de trabalhadores, que pareciam não se importar com as condições deprimentes de higiene. Sentavam-se ao lado deles, enquanto conversavam:

– Olha só, Ednaldo – conversava ela com um dos mendigos –, você está alcoolizado novamente. Você nos prometera que iria se esforçar para parar de beber e bebeu outra vez?

Embora o teor da conversa tivesse o aspecto de uma reprimenda, o tom de voz de Paulina era carinhoso e cuidadoso com aquele infeliz irmão de rua.

Ednaldo abaixou a cabeça e duas lágrimas desceram de seus olhos.

– Posso ser sincero? – falou, com voz pastosa. – Eu sou muito fraco. Estou tentando de verdade, mas a bebida é mais forte do que eu, não consigo.

O que ocorria é que o vício criara uma dependência química não apenas em Ednaldo. Na verdade, aquele homem estava envolvido por infelizes irmãos desencarnados, também maltrapilhos do plano espiritual, em uma espécie de dependência recíproca entre encarnado e desencarnados.

Enquanto falava, Paulina envolvia com seu amor tanto Ednaldo na esfera física, quanto aqueles infelizes irmãos que também se sentiam tocados pela radiação amorosa da vibração do grupo. A equipe espiritual que, naquele momento, apoiava os irmãos desencarnados, atenta às mudanças vibratórias, quando se oferecia oportunidade mais propícia, envolvia os irmãos e os adormecia, para, em seguida, colocá-los em padiolas, para, ao fim dos trabalhos, serem levados aos postos de socorro mais próximos do local onde nos encontrávamos, esclarecera Irmão Magno, que havia se aproximado ao verificar nosso interesse no desenrolar dos trabalhos.

Paulina prosseguia com seu diálogo com aquele irmão infeliz, e nós acompanhávamos de perto aquela conversa, na verdade, um ato de caridade mais pura, em que se desce até o chão onde se encontram nossos irmãos caídos, para levantá-los de forma que não se sintam feridos nem humilhados diante de suas condições de miséria e sofrimento.

– Nós temos certeza de que vai conseguir, Ednaldo, mas você também precisa acreditar e se esforçar. Nunca deve perder a esperança nem a fé em Jesus!

– Quando vocês falam comigo, eu também acho que vou conseguir, mas, no dia seguinte, bate de novo a vontade beber, e, quando dou por mim, já bebi, e começa tudo outra vez!

– Você não pode desanimar, de jeito nenhum! Você tem de orar e pedir forças a Jesus!

– Jesus... Sinto até vergonha de falar em Jesus, porque acho que um molambo miserável como eu não merece perdão. Acho que Jesus até já me esqueceu! Meu caso não tem mais jeito, não – replicou, desanimado.

Ao mesmo tempo que a conversa se desenrolava, a equipe espiritual procurava envolver Ednaldo e seus companheiros em energias positivas. Observamos que, num primeiro instante, Ednaldo oferecia campo propício, sentindo-se mais animado, mas o grande problema estava em seus companheiros, que pareciam impermeáveis ao auxílio fraterno. Irmão Magno veio nos ajudar, trazendo-nos o esclarecimento propício:

– *Uma análise mais apressada poderia indicar que as palavras de Paulina são em vão, pois Ednaldo sente-se animado momentaneamente, para, no dia seguinte, voltar a se entregar ao vício e ao envolvimento dos irmãos que o acompanham. Na verdade, o que mais importa no trabalho desenvolvido pelo grupo de Samaritanos não é simplesmente o pão material, o agasalho para o frio, o calçado e o cobertor, mas o carinho, o afeto, o respeito e a palavra de ânimo em nome de Jesus!*

Enquanto Irmão Magno nos esclarecia com seus preciosos apontamentos, não pude deixar de observar o trabalho desenvolvido pelos demais jovens, que se desdobravam no atendimento fraterno aos irmãos caídos.

Notei que alguns se encontravam em profundo estado de embriaguez e não conseguiam despertar. Mesmo assim, não ficavam sem atendimento, pois os gestos de carinho e solidariedade eram comoventes: uma jovem estendia cuidadosamente um cobertor, protegendo da intempérie o irmão caído, com carinho e cuidado para não causar-lhe nenhum incômodo, enquanto outro jovem levantava a cabeça estendida na calçada dura e fria, para colocar-lhe embaixo um pano dobrado, para que a cabeça daquele infeliz irmão pudesse ficar em repouso mais digno, sobre um travesseiro improvisado.

– *Muitas pessoas questionam a validade deste trabalho* – continuou Irmão Magno em seu esclarecimento –, *e lamentamos que alguns ainda pensem assim, emitindo julgamentos mais apressados, alegando que são bêbados e pedintes vagabundos, e que o auxílio de meia dúzia de samaritanos abnegados seja inútil, porque não resolve os problemas dessas criaturas.*

"A quem ainda julga dessa forma, poderemos dizer, como princípio, que existiu apenas um dentre todos nós que poderia julgar e condenar quem quer que fosse, porque Ele tinha autoridade, sabedoria e isenção, mas exatamente Ele jamais acusou, julgou ou condenou quem quer que fosse, mesmo sendo um espírito perfeito exilado na Terra. Se Jesus não julgou nem condenou, quem somos nós para acusar e condenar?"

"As humilhações sofridas, a frieza das madrugadas, a insensibilidade dos corações humanos, a dureza das calçadas que lhes servem de leito, o rigor das intempéries fazem a criatura humana descer ao abismo mais profundo e, nesta situação, esses irmãos perdem o referencial da vida, esquecendo-se, muitas vezes, de que são filhos

de Deus, nossos irmãos diante do Cristo e, por esta razão, ninguém tem autoridade para julgamentos e condenações apressados, porque desconhecemos o que o futuro nos reserva nas experiências vindouras do espírito em sua grande jornada evolutiva, seja neste planeta ou em outro de condições primitivas."

"Assim, como nos orientou o Divino Mestre: 'Quem der de beber, ainda que seja um copo de água fria, a um destes pequeninos, em Meu Nome, em verdade vos digo que de modo algum perderá sua recompensa'[18]. Dessa forma, juntamente com o pão espiritual, esses irmãos procuram levar uma mensagem de ânimo, respeitando sempre a individualidade de cada um, sem questionamento ou julgamento, porque ainda se encontram em situação de rua, mas, sempre que possível, falando a palavra de bom ânimo em nome de Deus! Repito: nada é em vão. Tudo o que é feito com amor jamais se perderá, pois, um dia, a semente haverá de germinar e frutificar.

"A palavra de Irmão Magno é comovente e esclarecedora. Este trabalho é digno do maior respeito", pensei comigo mesmo.

Irmão Magno concluiu seu argumento:

– Na verdade, irmãos, pregar o Evgangelho é fácil. Difícil é praticar. Pregar a palavra é meritório, entretanto, difícil é exemplificar e seguir as pegadas do Mestre. Fácil é ouvir e compreender o "amai-vos uns aos outros", difícil é perdoar nossos inimigos e desafetos. Ouvir o canto das sereias é fácil, difícil é ouvir a voz do Cristo. Fácil é seguir pelas portas largas da vida, difícil é botar as mãos na terra. Fácil é se entregar aos prazeres mundanos, difícil é resistir às tentações. Fácil é se entregar ao enganoso mundo de César, difícil é descer até o chão para

---

18. Mateus, 10: 42. (N.A.E.)

levantar os caídos. Esses irmãos bem que poderiam simplesmente estar no conforto de seus lares, ou se entregar à folia carnavalesca, mas não o fazem por opção, porque já venceram os degraus intermediários da evolução e, no estágio em que se encontram, não mais se deixam seduzir pela fascinação dos prazeres transitórios da matéria.

O Instrutor Ulisses acompanhava a explanação de Irmão Magno, cumprimentando, com demonstração de carinho e respeito, aquele irmão tão valoroso, responsável por um trabalho tão grandioso.

— É maravilhoso, e ao mesmo tempo reconfortante, verificar a presença de jovens neste trabalho, Irmão Magno. Sempre me sinto muito feliz quando vejo a presença de jovens com atitudes de desprendimento nos afazeres da caridade, pois nos dá alegria e a esperança de que nem tudo está perdido.

Despedimo-nos, comovidos, de Irmão Magno e de seu grupo, pois a caridade não podia esperar e os samaritanos seguiram em frente, enquanto nos deslocávamos novamente para o espaço, e, a distância, acompanhamos aquele foco luminoso multicolorido que se deslocava, deixando um rastro de luz por onde passava, abrindo espaço na densa escuridão da noite.

O Instrutor Ulisses concluiu com palavras oportunas para a compreensão de todos nós:

— Aqueles que se sintonizam nas vibrações negativas do mal adentram em uma atmosfera pesada e asfixiante. Todavia, apenas quem não está envolvido pode avaliar essa atmosfera, pois quem está na sintonia não percebe a quantidade de energia negativa que arrasta para si mesmo, porque vibra no mesmo diapasão, podendo apenas perceber que uma força poderosa incontrolável

e irresistível os carrega para os prazeres dos sentidos a que se entregam compulsivamente.

"Dessa maneira, tornam-se antenas vivas, que irradiam ondas mentais que se estendem pelo espaço encontrando sintonia por meio de todos aqueles que se situam no mesmo diapasão vibratório, transformando-se em gigantesca onda negativa que se espalha em todos os sentidos. Provoca uma grande simbiose entre encarnados e desencarnados que cumprem, com disciplina, as determinações das hostes trevosas, enquanto se divertem com a criatura humana desavisada. Mas o que gostaria de destacar é que, mesmo em meio às forças asfixiantes das trevas, aqueles que perseveram no bem emitem luz, e, onde a luz brilha, as trevas batem em retirada."

"Observamos o foco luminoso proveniente dos templos e igrejas que, neste momento, estão em oração e cânticos de louvor a Deus. A luz se faz onde o nome do Cristo é exaltado com o coração e sentimento. Contudo, a luz se torna mais forte e colorida, onde, além da exaltação do nome de Cristo, o amor também está em ação por meio da prática da caridade. O cântico enaltece, mas a caridade eleva. O louvor exalta, mas o amor sublima. Assim, o amor colocado em ação transforma-se na caridade que transforma e ilumina o ser humano, em verdadeiros focos de luz que se elevam, transformando-se em verdadeira ponte entre o mundo das trevas e as luzes das esferas Crísticas."

As últimas palavras do instrutor ficaram registradas em nossos corações.

O número
da besta

a noite seguinte, mais uma vez, acompanhamos a folia que se estendia por todo país. Posicionados em local estratégico no espaço, podíamos ter uma visão privilegiada dos locais onde as festividades eram mais intensas. Diante de nossos olhos, uma visão ampla e panorâmica. Observei, então, que a onda vibratória escura que havia notado anteriormente havia aumentado de forma significativa, em dimensão e intensidade. Diante de minha observação, o instrutor ofereceu esclarecimento oportuno:

— *Estamos na última noite de Carnaval, Virgílio, e os foliões, encarnados, em estreita sintonia com os desencarnados, entregam-se ao desespero, na ânsia de aproveitarem o máximo das últimas horas que restam de folia. Em alguns locais, a quarta-feira segue adiante, com foliões extenuados fisicamente, mas alimentados por forças extraordinárias, no afã da continuidade da folia, até a completa exaustão das possibilidades físicas. Tanto encarnados quanto desencarnados têm consciência de que as horas correm, e, se pudessem, congelariam os minutos, mas o tempo passa inexoravelmente. Sabendo disso, os comandados de Érebo, atentos à angústia dos foliões para o final das festividades, aproveitam para cristalizar vínculos mais fortes na sintonia com os encarnados, que, mesmo antes do fim, criam mecanismos psíquicos alimentados pelas lembranças agasalhadas nas mentes dos foliões e antecipam e mentalizam durante o ano inteiro as possibilidades de gozo para o próximo evento carnavalesco. Dessa forma, invigilante, a maioria escancara portas e janelas da casa mental, permitindo a criação de condições psíquicas adequadas para que os vínculos se transformem em fortes elos com os desencarnados nesta última noite.*

Após os esclarecimentos, seguimos o instrutor, aproximando-nos do local onde a festa corria solta. As ruas encontravam-se apinhadas de pessoas que sacolejavam e gritavam, animadas pelo som estridente dos carros, enquanto bebidas, energéticos e drogas sintéticas eram consumidos com sofreguidão. Pude registrar as mesmas sensações da noite anterior, com visível aumento da intensidade vibratória que envolvia a multidão.

O instrutor chamou-me a atenção para que me detivesse na observação das formas pensamento criadas pelas sensações vividas coletivamente, formando curiosos vórtices escuros. Foquei minha visão mais atentamente, percebendo que as ondas mentais se estendiam, criando uma figura parabólica que dava uma volta e se estendia em nova parábola, em formato que lembrava o número 6. A sequência das vibrações davam

Irmão Virgílio | Antonio Demarchi

uma visão do número 666, que se multiplicava na curiosa formação da onda vibratória negativa, e isso me intrigou de forma preocupante.

– O que significa isso? – questionei. – *Poderíamos considerar que existe, nestas radiações vibratórias das formas pensamento, alguma referência ao número 666 do Apocalipse?*

O instrutor silenciou por alguns instantes, para depois responder:

– *O apóstolo João, no final de sua existência terrena, exilado na ilha de Patmos, teve uma visão ampla e global dos acontecimentos que iriam ocorrer num futuro previsto como "fim dos tempos", ficando tão impressionado que transmitiu sua emoção pintando com tintas fortes tudo que presenciou em espírito. João, em sua descrição, procura dizer que não se tratava de alucinações e que sua visão era real, tanto que faz questão de salientar: "aqui tem sabedoria", como querendo dizer: Não estou fora do meu juízo, não enlouqueci. Em sua visão, ele vê o número 666, e diz: "Aquele que tem entendimento, calcule o número da besta, pois é número de homem. Ora, este número é 666"[19].*

"Isso tem dado margem a muitas interpretações, onde se procurou identificar a besta na figura de um ser humano. Buscando várias e curiosas combinações, o número da besta está identificado no próprio título do papa, quando utilizado os números romanos: VICARIVS FILII DEI, VICARIVS GENERALIS DEI IN TERRIS, e DVX CLERI. Entretanto, apesar das diversas combinações resultarem sempre em número 666, não podemos generalizar, pois, se existiram

---

19. Apocalipse, 13: 18. (N.A.E.)

papas que usaram o nome do próprio Cristo para extrapolar suas atribuições e mandatos, existiram outros que foram missionários e almas santificadas. Sem mencionar que existem ainda outras combinações que remetem Hitler, o ditador alemão, ao número 666, mas também não podemos considerar isso como verdade absoluta, pois Hitler é apenas um sobrenome, embora aquele que tornou o nome abominável pudesse também ser considerado o esteriótipo de criatura bestial por sua loucura destrutiva. Devemos lembrar que existiram e existem outras pessoas com o mesmo sobrenome e nem por isso poderiam, ser consideradas como bestas, o que nos leva a crer que essa referência poderia perfeitamente ser aplicada a Adolf Hitler, mas entendemos que não era exatamente esta a alusão do Evangelista."

"Aliás, existe farto material de pesquisas no qual nomes respeitáveis e de criaturas santificadas, após complicadas combinações, remetem ao número da besta. Não vamos alimentar polêmicas, porque não é esse nosso objetivo. Entretanto, diante da visão que tivemos hoje, poderíamos citar mais uma possibilidade para um entendimento talvez mais plausível, pois coincide exatamente com todos os sinais característicos do período de transição que vivemos. Existem vários níveis de intensidade vibratória, tanto no aspecto positivo quanto no negativo. As ondas vibratórias emanadas por pensamentos de paz, alegria, amor, harmonia e desejo da prática do bem e da caridade, criam emanações eletromagnéticas que se apresentam em ondas suaves, sutis e harmônicas e se irradiam pelo espaço, ampliando seu campo vibratório pela sintonia, que fortalece todos aqueles que se encontram no mesmo diapasão. Por outro lado, as ondas negativas do ódio, do rancor, da mágoa e dos desejos primitivos e descontrolados

Irmão Virgílio | Antonio Demarchi

O Sétimo Selo | O Silêncio dos Céus

geram ondas eletromagnéticas densas, escuras, pesadas e agressivas, variando com o grau de intensidade vibratória."

"As ondas pensamento que geram a formatação do número 666 seriam um ponto máximo do comprometimento mental em termos de perigo. À semelhança de uma caldeira que atinge o limite máximo de temperatura e está prestes a explodir, a vibração se expande em energias alucinadas, em vórtices agressivos e incontroláveis, e demonstra o estágio máximo do perigo em termos vibratórios coletivos, que hoje atinge a humanidade como um todo. Dessa forma, quando o apóstolo identificou a forma figurada de um ser humano, não seria uma pessoa apenas, mas a humanidade que perderia o referencial do bom-senso e do equilíbrio, pois transitam perigosamente no limite vibratório das sensações que arrastam as criaturas em sintonia plena com as forças das trevas que atuam neste período de transição em que vivemos, intensificando e potencializando as sensações adormecidas em cada um de nós."

"Poderíamos dizer, alegoricamente, que a onda mental cujo formato lembra o número 666 é a vibração agressiva e traiçoeira das forças do mal que campeiam na atmosfera terrestre, gravitando em torno das criaturas. Quem se identifica nesta sintonia, com ela se integra, no turbilhão do vórtice descontrolado das forças negativas, atraídos e arrastados por uma força irresistível da qual poucos conseguem se libertar. Ela sempre se manifesta em regiões de conflitos bélicos, onde o ódio do ser humano, na ânsia da destruição dos irmãos, leva a criatura aos instintos mais baixos da animalidade. Por essa razão, o alerta do apóstolo: 'Quem é santo, santifique-se ainda, quem é justo, justifique-se ainda e quem é sujo, suje-se ainda.' Quer dizer, essa onda é extremamente agressiva e avassaladora, e

quem deseja permanecer fora dessa sintonia terá que dar testemunhos em Cristo, santificar-se no exemplo do bem e justificar-se no trabalho constante, lutando contra os desejos incontroláveis e as tendências perniciosas para o mal."

"Pairam no ar sentimentos de brutalidade gratuita, agressividade descontrolada, sensualidade exaltada, além de desejos que remetem o ser humano ao primitivismo dos sentidos. Essa onda gravita no espaço, buscando a sintonia daqueles que se comprazem com o mal que se alastra, arrastando os invigilantes, os incrédulos, os falsos profetas, os mentirosos, os corruptos e aqueles que exploram a sensualidade e a inocência. Esses, certamente, encontrarão todas as oportunidades para sujar-se à vontade, sem perceber que caíram nas malhas perigosas e traiçoeiras das trevas."

Depois de ouvir as palavras do instrutor, permaneci em profundo silêncio meditativo, observando com atenção as formas vibratórias que pareciam ter vida e vontade própria, pois, curiosamente, pareciam serpentear pouco acima da crosta, em contínuo movimento espiral, contorcendo-se e retornando à crosta, à semelhança de línguas de fogo que ardem, inflamadas por poderoso material de combustão. Diante daquele quadro, uma preocupação veio-me à mente: já foram tantas as teorias levantadas e alusões ao número 666 sem que houvesse nenhuma conclusão cabal e definitiva a respeito. O apontamento do instrutor não estaria sujeito a questionamentos e discordâncias?

O instrutor sorriu com tristeza e respondeu:

– Certamente haverá, Virgílio, e, sinceramente, jamais iremos polemizar, pois haveremos sempre de respeitar e levar em consideração as opiniões eventualmente contrárias, mas, neste momento, não

Irmão Virgílio | Antonio Demarchi

é esta nossa maior preocupação. A verdade é que existem aqueles que têm capacidade de entendimento e inteligência para calcular o número da besta, como nos alertou o Evangelista. Mas enquanto se perde tempo em discussões de retórica e cálculos de probabilidades sobre quem tem razão ou deixa de ter, o fogo arde, devora e consome almas, alimentado por imperfeições humanas. É nosso dever relatar o que presenciamos e, por essa razão, sigamos em frente. Faça suas anotações a título de mais um alerta aos nossos irmãos encarnados. Certamente, haverá muitos que irão ouvir e se prevenir, enquanto outros questionarão, mas o que mais importa não é a preocupação das opiniões divergentes, mas o alerta oportuno para que estejamos em constante vigilância e oração, evitando o cipoal das armadilhas traiçoeiras das trevas, tornando-nos prisioneiros nas teias sorrateiras e insidiosas do mal. Possivelmente, alguns irão duvidar; outros, polemizar, enquanto outros poderão rir e considerar nossas advertências fantasiosas. Será uma pena, porque, enquanto se perde precioso tempo em discussões estéreis e polêmicas, as legiões do mal se regozijam, nadando de braçadas. "Quem tem ouvidos para ouvir que ouça"[20] – concluiu o instrutor.

A ponderação do Instrutor Ulisses foi definitiva e tranquilizadora. Avançava a última noite do Carnaval. As observações mais oportunas já tínhamos presenciado, de forma que retornamos ao nosso domicílio, na Colônia Irmão Nóbrega.

No alto do céu, a lua minguante parecia uma ogiva prateada, suspensa no infinito cósmico, iluminando as trevas da noite que envolviam o planeta.

---

20. Lucas, 14: 35. (N.A.E.)

Alguns dias se passaram e, por orientação do instrutor, procurei ordenar e passar à limpo minhas anotações. Era uma segunda-feira quando o instrutor informou-me de que visitaríamos alguns centros espíritas na crosta, para acompanhar a reação das pessoas diante dos alertas dos benfeitores espirituais, a respeito da ação das forças de Érebo.

Aproximava-se das seis horas da tarde, quando nos deslocamos em direção à cidade de São Paulo. O instrutor informou-me de que, antes de nos dirigirmos ao centro espírita escolhido para observação daquela noite, iríamos ao lar de um dos dirigentes, para acompanharmos de perto as atividades, uma vez que havia notícias de que a equipe de Érebo atuava por ali. Seria interessante tomar conhecimento das origens das causas que permitiam abertura para atuação das forças negativas.

No portal da residência do dirigente espírita, fomos recebidos por um irmão de nosso plano, que nos deu boas-vindas, enquanto nos convidava a adentrar o ambiente doméstico de seu protegido.

– *Sejam bem-vindos, irmãos! Que a paz de Jesus esteja com vocês* – saudou-nos, com humildade e simplicidade.

– *Que a paz do Divino Mestre esteja contigo, Irmão Hermínio* – retribuiu com carinho respeitoso o instrutor. – *Como têm andado as coisas por aqui? Está tudo bem?*

– *Temos procurado fazer o melhor em nome de Jesus, Instrutor Ulisses, mas, infelizmente, enfrentamos alguns percalços. As forças negativas atuam de forma bastante discreta e indireta, ganhando espaço perigoso nos lares de muitos trabalhadores e dirigentes. No caso de nosso Irmão Haroldo, não tem sido diferente. É um trabalhador* dedicado, um dirigente que carrega em seus ombros grande responsabilidade nos trabalhos espirituais, o que, no entanto, não lhe confere nenhum privilégio extraordinário e, por conseguinte, também tem sido alvo por parte de nossos irmãos menos felizes.

"O grande problema é que, apesar de ser profundo conhecedor da Doutrina dos Espíritos, tanto no aspecto filosófico e científico quanto no religioso, nosso irmão ainda tem sérios problemas com a própria reforma íntima. Seus principais pontos fracos são a irritação, a impaciência e o egocentrismo. Haroldo é portador de excepcional mediunidade de psicofonia, além de inspiração profunda que o leva a proferir palestras memoráveis, com eloquência que impressiona os ouvintes. Mas, por ser admirado e elogiado pelas pessoas, sem perceber, cedeu espaço à bajulação que lhe conferem qualidades que ainda não possui, e isso tem nos preocupado, pois notamos que o orgulho e a soberba, aos poucos, crescem em seu coração em prejuízo da humildade."

"Em função dessas falhas íntimas, sofre o assédio das forças negativas, que atuam de forma direcionada e inteligente, pois exploram, por meio dos próprios colegas e companheiros de trabalho, o ego de nosso irmão. Não bastasse isso, os irmãos sofredores também tem assediado os familiares, procurando, assim, encontrar abertura mais eficaz para desestabilizá-lo. O problema mais grave é que Haroldo não conseguiu sensibilizar a esposa e os filhos para o conhecimento do Espiritismo, por conseguinte, esse tem sido mais um entrave para nosso irmão. Seus familiares não partilham de seus ideais e não compreendem a ausência habitual da figura paterna em virtude de sua dedicação ao centro espírita, e ele tem sido cobrado por isso no silencioso pensamento dos filhos e da esposa, a qual guarda um *grande sentimento de mágoa, considerando o centro espírita como um adversário com o qual não consegue lutar. Resumindo: nosso irmão se esforça no trabalho espiritual, mas descuida do próprio lar e corre o risco de ver tudo ruir diante do assédio que tem sofrido nos últimos tempos."*

Ouvindo as palavras de Hermínio, uma questão veio-me à mente: se Haroldo era um trabalhador dedicado, que carregava sobre os ombros grande responsabilidade como dirigente, não teria méritos suficientes para uma proteção mais direta dos benfeitores?

O Instrutor Ulisses, de imediato, trouxe-me precioso esclarecimento a respeito de meu questionamento:

— Diante da lei, ninguém pode ser privilegiado, Virgílio. Proteção e amparo jamais serão negados ao trabalhador da Seara do Mestre, porém, cada qual tem o livre-arbítrio. Principalmente quem é conhecedor, praticante e trabalhador da Doutrina dos Espíritos e tem maior parcela de responsabilidade para não se deixar seduzir pelo canto das sereias e pelas armadilhas traiçoeiras das trevas.

"A fé raciocinada proporciona o conhecimento para que o trabalhador tenha condições de defesa. É necessário se esclareça que os benfeitores espirituais jamais faltarão com o amparo e o apoio necessário ao soldado que luta em nome do Cristo, mas isso não significa que irão desvencilhar e isentar seus tutelados dos problemas. Jesus enfrentou tentações do mal no deserto, e os próprios apóstolos também foram assediados. O maior inimigo está dentro de nós mesmos, representado por nossas imperfeições, e somos nós que franqueamos campo mental, permitindo o assédio das forças negativas."

Irmão Virgílio | Antonio Demarchi

"O apóstolo Paulo precisou dar testemunho constante para vencer as tentações que rondaram sua jornada no ministério da pregação da Boa-Nova, e o Santo de Assis precisou santificar-se dia após dia no trabalho do amor e da caridade que fortalece em cada um de nós a sintonia com o mundo superior. No caso de nosso Irmão Haroldo, é realmente mais preocupante, porque carrega grande responsabilidade pelo fato de ser um dirigente que deveria se esforçar para dar exemplo, e este tem sido o grande problema de muitos irmãos espíritas. Quem tem o dom da oratória prega a palavra do Cristo, e quem detém conhecimento deve estar sempre mais atento, porque nos diz o Evangelho: 'a quem muito foi dado, muito será pedido, e, dessa forma, deveria se esforçar na reforma íntima, exemplificar e buscar a humildade'."

"Não é o que acontece com nosso irmão, que ainda não despertou para a necessidade da própria reforma e perde-se em uma rotina de irritação e falta de paciência, e, aos poucos, tem cedido às tentações da vaidade e do orgulho. Na verdade, o Espiritismo nos proporciona conhecimentos profundos no entendimento de quem somos, de onde viemos, o que estamos aqui fazendo e qual nosso destino. Alerta-nos à vigilância e à oração constante. Direciona-nos ao conhecimento de nós mesmos, na máxima do 'conhece-te a ti mesmo',[21] na orientação da reforma íntima para vencermos nossas más inclinações, e nos aconselha à prática da caridade no exercício do amor e do perdão incondicional. Em suma: o Espiritismo nos estende a capa, a galocha e o guarda-chuva. Nós sabemos que irá chover, e muito."

---

21. Estas palavras se encontravam inscritas no portal do Oráculo de Delfos, na antiga Grécia. (N.A.E.)

Aquelas palavras soaram esclarecedoras e oportunas para que eu pudesse meditar a respeito. Irmão Hermínio continuou sua explanação:

– *Realmente, os problemas de Haroldo têm sido uma porta aberta que, aos poucos, permite a infestação de ondas negativas e sorrateiras do mal. Há algum tempo, ele deixou de estudar o Evangelho no lar, o que, por si só, já é algo de muita gravidade. O Evangelho representa uma barreira protetora no lar onde é estudado. No início, a esposa e filhos participavam com relativo interesse, e competia a nosso irmão conduzir aquela reunião familiar, falando a respeito dos ensinamentos de Jesus de forma que, aos poucos, os familiares despertassem para as claridades do Evangelho.*

"No início, os filhos prestavam atenção em suas palavras inflamadas, quando discorria sobre o Evangelho falando da paciência, da tolerância, da amabilidade e da humildade, esperando no pai por atitudes condizentes com as palavras que proferia. Aos poucos, foram se desencantando, pois observavam atitudes contrárias àquelas que apregoava, demonstrando, rotineiramente, impaciência, intolerância, irritação, azedume e contrariedade com pequenas coisas do dia a dia. Dessa forma, nosso irmão passou a ser desacreditado entre a própria família. Ele tem sido cobrado pela esposa de forma mais intensiva e direta: ela lhe diz francamente que ele prega uma coisa e faz outra, completamente diferente. Isso tem criado uma situação adversa que desequilibra nosso irmão."

"Procuramos levar estímulo e inspiração, mas, apesar de nossas advertências, Haroldo faz ouvidos surdos e, melindrado, julga-se incompreendido dentro do próprio lar. Na verdade, nosso irmão deleita-se com os elogios e afagos que inflam seu ego, mas não suporta

críticas. Este é um sinal de alerta quando algo não está bem, mas o próprio interessado não se dá conta do que ocorre consigo mesmo em termos de equilíbrio espiritual."

Enquanto Irmão Hermínio fazia sua explanação, pensei comigo mesmo que a palavra ilumina, o conhecimento liberta, mas o exemplo dá força, confere moral, institui autoridade e dignifica a criatura.

Irmão Hermínio complementou meus pensamentos:

– É exatamente o que acontece com nosso Irmão Haroldo. O filho, próximo dos quinze anos, é um adolescente que está na fase dos questionamentos e da rebeldia. A filha, com seus vinte poucos anos, acredita-se independente, dona do próprio nariz, e quer viver intensamente momentos de diversão e namoros sem compromisso. A esposa sente-se rejeitada na atenção que ele dedica, sistematicamente, ao centro espírita. Sente-se amargurada, esquecida pelo esposo e, inconscientemente, tem vibrado negativamente, até com certo rancor no coração. Passa horas remoendo pensamentos negativos a respeito do esposo que deixa seu lar, seus filhos e seu casamento em segundo plano para se dedicar apenas ao centro espírita.

"O mais grave é que Haroldo não se dá conta da dimensão do problema que tem dentro da própria casa. Percebe que as coisas não estão bem, mas falta-lhe sensibilidade e bom-senso para reunir-se com a esposa, abrir seu coração, chamar os filhos para uma conversa séria. Na verdade, ele tem fugido dos problemas e procurado refúgio no centro espírita, onde, entende, tem o respeito que merece, e é valorizado na exata medida de sua autoridade."

Enquanto Irmão Hermínio nos esclarecia com os fatos, chegaram, quase simultaneamente, Pedro e Janaina, filhos de

Haroldo. Esbaforido, o garoto jogou a mochila no sofá, deu um rápido beijo no rosto da mãe, e trancou-se no quarto. Janaina, assim como o irmão, também cumprimentou-a com um beijo no rosto e entrou rapidamente no quarto, trancando a porta enquanto a mãe, entretida nas tramas da novela, mal se dava conta da presença dos filhos.

A atmosfera vibratória no lar de Haroldo, naquele momento, era bastante desfavorável, com a presença espiritual de irmãos menos felizes, que envolviam Larissa, a esposa, em atmosfera negativa, a qual oferecia sintonia adequada ao intento maléfico daqueles irmãos.

A um sinal de Irmão Hermínio, adentramos o quarto de Pedro. O interior do ambiente se apresentava muito pesado. Imediatamente, identificamos a presença espiritual de infelizes irmãos espirituais, que se compraziam envolvendo o garoto em vibrações de sexo e desejos libidinosos. Sem ter a mínima noção do que ocorria ao seu redor, o adolescente encontrava-se diante do computador e, naquele momento, acessava a internet, navegando por diversos *sites* pornográficos e salas de bate-papo, nas quais criaturas inescrupulosas se infiltravam em conversas maliciosas, procurando atrair a atenção de crianças e adolescentes que se encontravam *on-line*. Sem se dar conta dos perigos, Pedro parecia se divertir ouvindo palavreados chulos e convites mal-intencionados de pessoas portadoras de graves deformidades morais e mentais.

A impressão era de que o filho de Haroldo já estava habituado ao acesso e aos bate-papos que rolavam soltos, chegando ao cúmulo de agir naturalmente enquanto um dos adultos apresentava-se diante do vídeo, despindo-se para exibir seus atributos físicos.

Eu estava impressionado diante do que assistia. Irmão Hermínio trouxe-me o esclarecimento de que necessitava:

– *Infelizmente, Irmão Virgílio, o progresso e a tecnologia nos trouxe muitos avanços. No entanto, também trouxe graves problemas para a sociedade moderna. Na maioria das residências, há uma televisão na cozinha, outra na sala e outras nos quartos. Além dos aparelhos de televisão, encontramos também um computador conectado ao mundo pela banda larga da internet, proporcionando o acesso a uma infinidade informações de bom conteúdo, e a outras tantas, de conteúdos condenáveis.*

"Muitas famílias encontram-se desestruturadas porque não mais se cultiva o hábito da reunião familiar, da conversa, do diálogo, de sentarem-se juntos para a ceia e, principalmente, para ler o Evangelho. Como pudemos constatar, Larissa encontra-se totalmente envolvida no mundo irreal das novelas e sequer interrompeu a fantasia por um instante para dar um beijo no filho, olhar em seus olhos e perguntar-lhe como foi seu dia. A mesma coisa em relação à filha. Mais do que mãe, deveria ser sua amiga e confidente: demonstrar interesse por seus problemas, ouvi-la, oferecer um ombro amigo, enfim, estar ao lado da filha e saber o que acontece com a moça na fase em que mais necessita de uma palavra amiga ou uma orientação segura. Como vemos, cada um foi para seu lado, isolaram-se em seus mundos particulares, cada um com seu problema."

Em seguida, Irmão Hermínio nos convidou para verificar o que ocorria com a filha de Haroldo, que se trancara em seu quarto desde a chegada e lá permanecia. Ao adentrarmos o recinto, pudemos verificar o quadro que se desenrolava à nossa frente. Janaina enredava-se no perigoso caminho das drogas. Enquanto falava ao telefone com voz apaixonada, aspirava pequeno conteúdo de pó branco em pequena lâmina ao lado da mesa de cabeceira. Em seguida, estendeu-se na cama ao mesmo tempo em que experimentava uma vibração de prazer, enquanto sua voz ecoava ao telefone com sofreguidão incontida:

– Ah, meu amor! Estou perdidamente apaixonada e só você me faz feliz de verdade. Só você é capaz de satisfazer todos meus desejos. Só você me completa e nada mais me interessa. Apenas você. Sou todinha sua... Vamos nos ver amanhã à noite? Não suporto mais ficar longe de você...

Não reproduziremos toda a conversa, que se estendia no mesmo tom de prazer e submissão inconsciente da jovem, que vibrava em baixíssimo diapasão.

Companheiros desencarnados, de aspectos assustadores e aparência que causava repugnância, envolviam a jovem, estimulando e ampliando seus pontos fracos. Sob os efeitos da droga, os pensamentos da moça apresentavam-se em completos desvarios, cristalizados nos momentos de prazer que experimentara em encontros anteriores, enquanto seu corpo perispiritual parecia flutuar, parcialmente deslocado do corpo físico, o que facilitava a ação dos obsessores impiedosos e inescrupulosos.

Irmão Hermínio, mais uma vez, nos esclareceu em relação ao que estava acontecendo com a jovem:

– *Janaina sempre foi o "a menina dos olhos" de Haroldo. Desde criança, o pai foi apaixonado pela filha, mas, quando chegou na adolescência, a fase em que os pais devem estar muito próximos e atentos ao comportamento dos filhos, ele esteve ausente. O que agravou ainda mais a situação foi o fato de ela sempre ficar na expectativa de que o pai pudesse lhe dar alguma atenção, uma palavra de carinho e, nesse aspecto, nosso irmão falhou muito.*

"É de suma importância cumprir com nossos compromissos espirituais, mas temos de encontrar tempo para nos dedicar aos filhos, esposa e esposo. Caridade começa dentro do lar. As razões são muitas, e leva tempo para que uma situação chegue ao ponto onde hoje se encontra o lar de Haroldo, mas tudo começa de uma forma discreta, cresce aos poucos, com o tempo agiganta-se e torna-se insustentável. No início, a esposa o acompanhava às reuniões espíritas, mas Haroldo era uma figura de destaque e, quando chegava ao centro, era logo cercado pelas pessoas, que queriam conversar, ouvir sua palavra assertiva e sua opinião firme. Larissa sentia-se menosprezada, aquietando-se em algum canto, enquanto observava o esposo subir ao palco e proferir palestras cuja eloquência arrebatava os presentes."

"No afã de suas responsabilidades, Haroldo não percebia que sua esposa se isolava de todos. No caminho de retorno ao lar, falava empolgado sobre o sucesso de sua palestra e a esposa apenas ouvia em silêncio. Veio a primeira gravidez e, diante do fato, Larissa ausentou-se para nunca mais retornar ao centro. A vida seguia em frente, e Haroldo, apaixonado pela filha, não mais lhe dava a devida atenção. Insatisfeita, a esposa via seu mundo desmoronar ao verificar que o esposo seguia na vida um rumo no qual ela não se sentia incluída."

"Cada vez mais importante nas atividades espirituais, Haroldo se dedicava à causa, enquanto ela se distanciava mais do esposo.

Quantas vezes via o marido chegar esbaforido, comer alguma coisa leve e rápida, saindo pela porta como um furacão, despedindo-se com um beijo automático e frio. Se, no início do casamento, a relação era calorosa e apaixonada, agora o esposo a procurava cada vez mais raramente para as intimidades do casal. Chorava em silêncio e já pensava em separação quando veio a segunda gravidez."

"A vinda de Pedro foi a bênção que pedia a Deus, pois o menino representou a ela a força de que tanto necessitava. Por algum tempo, Haroldo até ficou um pouco mais caseiro e atencioso, mas, com o passar dos anos, novamente se distanciou. As coisas voltaram a ficar difíceis e, depois de tantos alertas por meio de palestras que ele mesmo proferia a respeito do lar, nosso irmão percebeu que muito daquilo que falava se aplicava a ele mesmo, e então resolveu iniciar o estudo do Evangelho no lar."

"No início, foi um bálsamo, pois a esposa sentiu-se confortada e esperançosa com a presença do esposo e dos filhos reunidos falando da mensagem renovadora do Cristo. Entretanto, como já comentamos anteriormente, Haroldo ainda apresenta dificuldades com a própria reforma íntima, caindo em descrédito diante da esposa e dos filhos, por ele mesmo não praticar o que pregava por meio do Evangelho."

"Janaína tornou-se uma jovem bonita, inteligente, mas rebelde. Cursa faculdade e, com um estágio remunerado, conseguiu recursos financeiros necessários para adquirir roupas de marca e frequentar as festas que gosta de 'curtir' com o grupo de amigos de sua idade, que os pais não conhecem. Influenciada por amigas que, nos anos anteriores, viajaram para uma grande capital para o Carnaval de rua, desde o ano passado a moça juntou economias e este ano resolveu *passar lá a semana do Carnaval, onde se envolveu completamente no clima da folia, bebidas, energéticos, diversão e drogas."*

"O rapaz com quem ela fala ao telefone é um relacionamento que teve início no feriado, criou vínculos e, agora, encontra-se totalmente envolvida no clima que se estende e compromete seu equilíbrio. A família não suspeita do que se passa, pois a moça fecha-se em seu quarto, não dá satisfação a quem quer que seja e ninguém se atém à gravidade do fato. Esse quadro todo – concluiu Hermínio –, é o resultado da ação das forças das trevas, que tem atuado de forma impiedosa para atingir especificamente Haroldo em seus pontos fracos, e estão conseguindo, mesmo porque nosso irmão foi alertado, mas permanece indiferente aos apelos dos bons espíritos."

Deixamos o quarto de Janaina porque, naquele instante, o chefe da casa acabara de chegar.

– Boa noite, querida! – cumprimentou, beijando-a mecanicamente.

Envolvida e influenciada por companhias espirituais indesejáveis, a esposa mal respondeu o cumprimento, entretida na novela que se desenrolava.

– Tem alguma coisa para jantar? – perguntou.

Naquele instante, senti-me penalizado diante da figura de Haroldo. O chefe da casa chegou e sua presença praticamente foi ignorada. Diante do questionamento sobre o jantar, a esposa não respondeu. Insistiu:

– Querida, perguntei se há algo que possa comer antes de ir ao centro.

A esposa interrompeu sua novela e olhou para o esposo com os olhos de quem fosse fuzilar o nosso irmão:

– Como sempre, não é, Haroldo? Vai comer alguma coisa rapidamente e já vai ao centro, não é verdade?

Diante da severa indagação da esposa, Haroldo baixou a cabeça e respondeu, acuado:

– Sim, querida, me perdoe, mas tenho esse compromisso, você sabe.

A esposa respondeu ríspida e impiedosa:

– Lógico que sei, afinal de contas estamos casados há quantos anos? E as coisas não mudaram, não é Haroldo? Na verdade, eu sou casada com você, mas você é casado com o centro espírita.

O chefe da casa ficou em silêncio. Em seguida, Larissa complementou:

– Deixei uma salada pronta, pode ir jantar.

– Não quer vir comigo? – perguntou, timidamente.

– Obrigada, vá você. Depois eu janto – respondeu, laconicamente.

Haroldo dirigiu-se à cozinha cabisbaixo, sentindo um nó na garganta. No fundo, acreditava-se incompreendido, e uma mágoa profunda tomava conta de seu coração por causa do comportamento de Larissa. Mal tocou no alimento. Comeu apenas duas folhas de alface e três fatias de tomate, tomou um copo de leite quente e saiu pela porta de serviço, sem se despedir da esposa e sequer ver os filhos. Decididamente, ele não estava bem.

No carro, deu a partida no motor. Quando o veículo ganhou a rua, chorou copiosamente e, para nossa surpresa, na sintonia da mágoa de Haroldo, apresentou-se um espírito cuja aparência era, no mínimo, insólita: sua figura era singular, com bigode bem aparado, barbicha longa, nariz aquilino, olhos penetrantes,

Irmão Virgílio | Antonio Demarchi

próprios de magnetizadores, e o sorriso zombeteiro completava aquela personalidade estranha. Imediatamente, sintonizou-se com Haroldo, que oferecia campo mental favorável às influências negativas, reforçando seu sentimento de mágoa e infelicidade:

– *Está vendo?* – dizia a estranha figura. – *Eu venho te aconselhando faz tempo, mas você continua relutante. Não percebe? Você é respeitado e admirado em todos os lugares, no trabalho, no centro e na comunidade. Menos em sua casa! Você deveria se separar de uma vez e procurar outra companheira, que possa compreendê-lo, fazê-lo feliz. Afinal de contas, você merece. Não reparou ainda, Haroldo? Olhe ao seu redor e preste mais atenção! O centro está cheio de moças lindas que dariam tudo para estar ao seu lado, mas você é teimoso. Sua esposa não está nem aí para o que você faz ou deixa de fazer. Você tem direito de ser feliz, vai esperar até quando para tomar uma atitude?* – insistiu o espírito.

Diante de meu olhar de questionamento, Irmão Hermínio esclareceu:

– *Este infeliz irmão é o chefe da falange que atua para desestabilizar Haroldo. É um espírito de rara inteligência a serviço das trevas e, como percebemos, aproveitou-se da invigilância de Haroldo em seu lar. É um processo que demanda algum tempo e, como vemos, não basta simplesmente atacar um trabalhador, um dirigente ou um diretor de uma casa espírita. Todos passamos por processos de assédio e precisamos estar em constante estado de vigilância e oração. Estudar o Evangelho no lar é uma defesa importante, aliada ao exemplo, ao amor, à tolerância e à paciência, que começa no seio da própria família e dá sustentação e equilíbrio no trabalho espiritual e vice-versa.*

Descontrolado emocionalmente, aos prantos, Haroldo obedecia mecanicamente, como hipnotizado, às vontades do espírito que o envolvia. Irmão Hermínio buscou recursos necessários para quebrar aquele envolvimento pernicioso, estendendo sua mão direita sobre o centro de força coronário de Haroldo, em oração profunda e silenciosa. O médium parecia sonado, mas, de repente, o sinal fechou e Haroldo quase bateu o carro, obrigando-o a efetuar uma manobra brusca e uma freada abrupta. Como se despertasse de um torpor, ele sacudiu a cabeça e, assustado, percebeu que estava envolvido por influências estranhas. Sob orientação de Hermínio, fez uma oração, retornando ao estado de equilíbrio, chegando finalmente ao centro espírita. Acolhido com carinho e amizade, e protegido por poderosa corrente vibratória que envolvia aquela casa de oração, ele finalmente se recompôs, oferecendo campo propício para sugestões felizes.

— *O problema de Haroldo é semelhante ao de muitos trabalhadores e dirigentes que se descuidaram da reforma íntima, da caridade e do exemplo que começa dentro de casa, Virgílio* – complementou Irmão Hermínio. – *É grave erro imaginar que pelo fato de sermos trabalhadores ou dirigentes de trabalhos espirituais estamos isentos dos assédios e imunes às investidas das sombras.*

Os trabalhos transcorreram normalmente e, no fim da reunião, a pedido do próprio Haroldo, os médiuns se ligaram mentalmente em seu lar e amparo dos benfeitores espirituais. Assim, foram trazidos dois desencarnados que se encontravam no lar de Haroldo, que, depois de intenso trabalho doutrinário, demonstraram arrependimento e foram afastados e encaminhados para locais de recuperação, em prontos-socorros localizados próximos à crosta terrestre.

Hermínio, mais uma vez, trouxe preciosos esclarecimentos:

– *A doutrinação e o afastamento desses irmãos, da atmosfera do lar de Haroldo, é apenas um paliativo, pois a causa que origina a perturbação continua. Na verdade, para que nosso irmão reencontre o equilíbrio completo e necessário, terá, primeiramente, que consertar os problemas de seu lar.*

Os trabalhos se encerraram e, sob orientação dos dirigentes espirituais da casa, Hermínio envolveu Haroldo para a mensagem da noite, que serviria de alerta para todos os trabalhadores, inclusive o próprio médium:

– *Boa noite, meus irmãos em Cristo!* – cumprimentou Hermínio, utilizando as possibilidades mediúnicas de Haroldo. – *Todos sabem que vivemos momentos de grande tribulação no mundo e, exatamente neste instante, vivenciamos a grande transição planetária já prevista há tanto tempo por Jesus e por João Evangelista. Temos assistido, todos os dias, a cenas de violência que nos deixam tristes e chocados com a selvageria do ser humano e requintes de brutalidade em crimes sinistros e bárbaros que são perpetrados por banalidades. O momento é grave e requer de todos vigilância e oração, perseverar no exercício do amor, do perdão incondicional e da caridade, antídotos contra essa agressiva influência maligna que se alastra por todos os lados. Reiteramos mais uma vez sobre este momento, pois uma vigorosa onda vibratória negativa envolve o planeta de forma intensa e avassaladora, encontrando sintonia nas criaturas que emitem pensamentos e vibram sentimentos de ódio, rancor, brutalidade e sensualidade desmedida.*

Irmão Hermínio discorreu de forma eloquente e ampla sobre os perigos que a humanidade atravessa, concluindo:

— No íntimo, as criaturas mais sensíveis têm a percepção de que paira no ar algo diferente e amedrontador, que repercute nos acontecimentos no mundo, e, dessa forma, enfatizamos: os habitantes do plano das trevas são extremamente ardilosos e planejam ataques direcionados aos templos religiosos, procurando infiltrar-se entre seus líderes, para pregar em nome do próprio Cristo. Jesus nos alertou com veemência: "Fiquem atentos para que ninguém vos engane, porque virão muitos em meu nome dizendo: eu sou o Cristo e enganarão a muitos".[22] Enfatiza, ainda, o Mestre: "Porque surgirão falsos cristos e falsos profetas, operando grandes sinais e prodígios para enganar, se possível, os próprios eleitos".[23]

"Por essa, razão, meus irmãos, mais uma vez alertamos sobre a gravidade do momento que vive a humanidade. Neste período de transição planetária, ninguém está imune às investidas do mal, particularmente as casas espíritas. Seus trabalhadores e dirigentes sofrerão assédios e ataques sem tréguas. Permançeçam atentos, vigilantes, em oração, no exercício constante do bem, do amor, da caridade, da paciência, da tolerância e do perdão incondicional."

"Perdoem-nos a insistência, pois alertamos sempre que as forças do mal conhecem nossas falhas de caráter e deficiências morais e então atuam, explorando nossas fraquezas. Analise cada um seu dia a dia e perguntem a si mesmos: existe algo estranho ocorrendo comigo que destoa com a doutrina que professo? Como está

---

22. Mateus, 24: 4-5. (N.A.E.)
23. Mateus, 24: 24. (N.A.E.)

Irmão Virgílio | Antonio Demarchi

meu lar e o relacionamento com meus familiares? Tenho guardado mágoas em meu coração? Tenho feito todo bem que posso? Tenho dado espaço ao egoísmo, à vaidade e à soberba? Fiquem atentos aos sinais e não se esqueçam: o maior inimigo mora dentro de nossos corações: são as nossas próprias imperfeições. O mundo se agita em turbulências? A humanidade se desespera? As tempestades nos açoitam? O mar se agita e as ondas se encapelam? A violência impera? Silêncio: vigie, ore, trabalhe, perdoe, ampare, eleve a luz do Cristo, ilumine as trevas e exemplifique sempre. Fiquem na paz do Mestre. Boa noite."

As palavras proferidas por Irmão Hermínio, por meio da psicofonia, por intermédio de Haroldo, foram inflamadas e provocaram profundo impacto na maioria.

Terminada a reunião, por orientação do Instrutor Ulisses, acompanhamos os comentários dos trabalhadores:

– Estou impressionado com a capacidade mediúnica de Haroldo – dizia um dos trabalhadores. – É um médium muito capacitado – concluiu.

– Quem será o espírito que deu a mensagem? – questionou outro.

– Acho que era, nada mais nada menos, que o doutor Bezerra de Menezes – palpitava um terceiro.

– Que mensagem extraordinária e profunda. Se não for o doutor Bezerra, deve ser algum espírito das altas esferas que nos visitou esta noite, algum espírito de escol[24]. Que

---

24. Escol: o que há de supostamente melhor numa sociedade ou comunidade qualquer. Elite. Nata. (fonte: *Dicionário Aulete Digital*, www.aulete.uol.com.br) (Nota da Editora)

pena, pois se soubéssemos que teríamos uma mensagem de um espírito tão ilustre, poderíamos ter gravado – retrucava mais alguém.

Sinceramente, sentia-me um tanto quanto decepcionado com o que presenciava. A maioria dos trabalhadores estava deslumbrada com a letra e a semântica, não com o conteúdo, nem com o teor da mensagem, que parecia ter caído no vazio.

Alguns trabalhadores cumprimentavam Haroldo que, empolgado pelos elogios, não percebia que a mensagem praticamente direcionava-se a ele próprio.

Diante do meu questionamento, Irmão Hermínio manifestou sua preocupação.

– É uma pena, Virgílio, que meia dúzia de irmãos não tenha prestado atenção nem levado a séria a advertência. Infelizmente, Haroldo é o responsável pelos trabalhos e não se ateve à gravidade do assunto, mas nem tudo está perdido. Vamos acompanhar os pensamentos daqueles que, avessos às bajulações e aos elogios gratuitos, estão em silêncio meditativo.

De fato. A minoria ruidosa não havia captado o espírito da mensagem, mas a maioria, muitas vezes silenciosa, manifestava a preocupação meditativa a respeito da vigilância e da oração apregoada pelo mentor da noite.

Naquele momento, orientado por Hermínio, voltei minha atenção a uma senhora de cabelos grisalhos e aspecto respeitável, que se manifestava visivelmente preocupada. Era dona Rosa, esclareceu-me Irmão Hermínio, uma das mais antigas trabalhadoras da casa, com longa folha de serviços prestados a serviço do bem e detentora de firmeza de caráter.

Aproximei-me de dona Rosa, buscando sua sintonia mental para ouvir seus pensamentos, com a intenção de registrar o que ocorria no coração da trabalhadora:

"Meu Deus!", pensava dona Rosa, "Haroldo está visivelmente perturbado! Mas como pode ser isso? É um trabalhador que se encontra na ativa, recebe mensagens belíssimas dos mentores, como pode estar em desequilíbrio espiritual?", questionava.

Envolvida por fluidos benéficos, Irmão Hermínio inspirava nossa irmã, utilizando seus recursos morais e mediúnicos, e dona Rosa teve a inspiração necessária, com bastante clareza do que ocorria com o dirigente:

"Jesus Amado", raciocinava a médium, "Haroldo é um grande trabalhador, mas em família passa por momentos difíceis, o que o deixa enfraquecido emocionalmente. Encontra refúgio nos amigos bajuladores do centro espírita, os quais, com os elogios, fazem que se sinta valorizado, mas o grande problema", identificou dona Rosa, "é que Haroldo parece-me fascinado! O que fazer?"

Inspirada por Hermínio, dona Rosa aguardou, pacientemente, que todos se retirassem. Foi quando Haroldo se aproximou para saber o que estava acontecendo com a colaboradora:

– Dona Rosa, tudo bem com a senhora? Ainda por aqui? Quer fechar as portas do centro comigo? – disse, em tom de brincadeira.

A fisionomia da voluntária revelava seriedade, e Haroldo logo mudou o tom da conversa.

– O que está acontecendo, dona Rosa? A senhora me parece extremamente preocupada.

– E estou, Haroldo! Muito preocupada mesmo, mas contigo!

O tom firme e a seriedade da resposta provocou em Haroldo um estremecimento. Naquele momento, o dirigente realmente percebeu que algo estava errado com ele. Mas antes que respondesse, dona Rosa complementou:

– Sabe, Haroldo, tenho idade para ser sua mãe e tenho muito carinho e respeito por você como pessoa e como dirigente, mas preciso dizer-lhe algo muito sério, porém apenas se você estiver disposto a ouvir.

A autoridade das palavras de dona Rosa provocou um estremecimento, e um frio percorreu a coluna vertebral de Haroldo, que, à semelhança de uma criança fazendo alguma traquinagem, gaguejou:

– Do...do..na Ro..ro...sa! Cla..cla..ro que estou disposto a ouvir... Pelo visto, deve ser algo sério! – respondeu, com a fisionomia pálida.

– Por discrição, esperei que todos fossem embora. Não convém provocar polêmicas. Sabe como é o povo, não é Haroldo? O que tenho a dizer-lhe é sigiloso e, acima de tudo, com muito respeito, mas é minha obrigação e eu não seria sua amiga se não lhe fizesse isso, tudo bem?

Haroldo respirou fundo e, recomposto, respondeu:

– Vamos até a sala de intercâmbio, dona Rosa, e sou todos ouvidos.

Chegando lá, sentou-se, e com aparente humildade, questionou, lacônico:

– Do que se trata?

Irmão Virgílio | Antonio Demarchi

Dona Rosa não se intimidou diante do aparente tom de enfastio do dirigente.

– Haroldo, eu o conheço desde mocinho, e, por esta razão, vou falar como se fosse sua mãe, com todo respeito e carinho de que você é merecedor. Sempre o admirei porque você se revelou um trabalhador estudioso, aplicado e esforçado em prol da Doutrina. Você sabe que à medida que avançamos em conhecimento, maior a responsabilidade para nos tornarmos criaturas melhores, mais compreensivas e tolerantes. O conhecimento nos dá saber, e o saber nos dá a obrigação da humildade. Eu não costumo ficar rasgando elogios gratuitos, mas te alerto: cuidado com os elogios. Uma crítica, mesmo que infundada, vai fazer que você pare e pense e, se for pertinente, procure melhorar. Se não, esqueça e siga em frente. Mas o elogio é um perigo, principalmente quando não estamos bem emocionalmente. É o seu caso.

Haroldo parecia estupefato e não estava gostando do teor daquela conversa, contendo-se a custo diante da autoridade de dona Rosa. Embora a conversa fosse bastante amigável, não gostava do tom crítico. Visivelmente insatisfeito, questionou:

– O que sabe a senhora a respeito de meus problemas emocionais? – perguntou, com emoção incontida.

Amparada e inspirada por Hermínio, dona Rosa prosseguiu com amor, porém com autoridade.

– Por favor, Haroldo, não fique na defensiva! Neste momento, não sou eu quem está falando contigo. Estão aqui ao meu lado amigos espirituais que se manifestam extremamente preocupados a seu respeito, e eu sou apenas portadora da mensagem desses amigos. Estão me dizendo que as coisas não estão bem contigo em seu trabalho, em seu lar e aqui, no próprio centro.

Naquele instante, Haroldo estremeceu novamente. Se inicialmente apresentava-se resistente à crítica, agora parecia dar mais crédito às palavras da amiga, quando mencionou a presença de amigos espirituais. No íntimo, Haroldo sabia que as coisas não estavam bem, apenas por orgulho e vaidade não ousava admitir que estava em perigoso envolvimento espiritual. As palavras de dona Rosa pareciam cair como uma bomba sobre sua cabeça. Como ela sabia tanta coisa de sua vida pessoal?

– Prossiga, dona Rosa, por favor – retrucou, desta vez mais amável.

A médium, agora, praticamente repetia as palavras transmitidas por Irmão Hermínio:

– Haroldo, meu filho, fique atento em seu lar. A mensagem da noite foi para todos, mas particularmente para você. Resgate a credibilidade dentro do seu lar, acompanhe de perto seus filhos, reconquiste o carinho e o respeito de sua esposa e restaure o estudo do Evangelho no lar que você interrompeu faz algum tempo! Aqui no centro, você é um trabalhador muito querido, estimado e respeitado, mas cuidado com a vaidade. A mensagem da noite foi um alerta de muita gravidade, e você, o portador da mensagem, não se deu conta. Acorde para sua responsabilidade com o grupo, porque muitos trabalhadores estão em processo de envolvimento espiritual negativo, inclusive você, que tem sentido mágoas, e, ainda hoje, chorou antes de chegar aqui, não foi?

Irmão Virgílio | Antonio Demarchi

O Sétimo Selo | O Silêncio dos Céus

Agora, Haroldo levava a sério a mensagem que recebia. Seus olhos ficaram marejados de lágrimas. Abaixou a cabeça e chorou:

– A senhora tem toda razão, dona Rosa! Reconheço que não estou bem espiritualmente. Quando estou aqui no centro sinto-me fortalecido, mas quando chego em casa, tudo parece desmoronar! Hoje, já chorei bastante. Agora, estou chorando novamente!

Os amigos espirituais envolveram Haroldo em um halo de luz cuja energia passou pelo centro de força coronário, penetrando todo seu corpo perispiritual, irradiando energia para seu corpo físico.

– Pois bem, meu querido irmão – prosseguiu dona Rosa, abraçando-o com carinho maternal –, levante a cabeça e prossiga com Cristo no coração, em vigilância e oração constante. Você não está sozinho nesta luta. Os bons espíritos estão lhe amparando, mas você precisa fechar as portas que deram guarida para as influências negativas que penetraram em seu lar e em sua vida pessoal. Você é um dirigente e tem muita responsabilidade. Nas próximas reuniões, chame a atenção dos trabalhadores a respeito da seriedade da mensagem desta noite, inclusive os irmãos cuja maior preocupação foi especular a respeito da identidade do espírito comunicante. Os irmãos espirituais estão me orientando a dizer-lhe que prepare-se para a luta, porque serão duras batalhas a serem enfrentadas e é necessário guardar cuidado quando transmitimos uma mensagem, aplicá-la antes a nós mesmos.

Haroldo parecia tocado e ao mesmo tempo envergonhado pelas palavras da trabalhadora.

– Obrigado, dona Rosa! A senhora foi a única que teve a coragem de chegar e me dizer essas verdades que eu precisava ouvir. A senhora foi caridosa comigo. Que Deus a abençoe e a conserve sempre assim – concluiu, cabisbaixo.

Acompanhamos Haroldo de retorno ao lar, na sintonia de seus pensamentos. Finalmente, parecia que a mensagem surtira efeito, pois o dirigente fazia planos para reconquistar o carinho e o respeito da esposa e dos filhos. Parecia que havia encontrado o caminho correto e, em pensamento, sorria, imaginando abraçar o filho, beijar a filha e surpreender a esposa.

Deixamos Hermínio na companhia de seu tutelado e partimos em demanda ao nosso domicílio espiritual. Durante o trajeto volitivo, encontrava-me pensativo a respeito do resultado que presenciara no centro de Irmão Hermínio. Na verdade, estava um tanto quanto decepcionado, pois esperava de nossos irmãos espíritas daquela casa uma receptividade melhor para a mensagem.

Observando meu questionamento mental e para melhor esclarecer sobre o resultado da noite, o instrutor ponderou:

– *O grande problema de alguns de nossos irmãos espíritas é imaginar que, pelo fato de dedicar-se ao estudo da Doutrina e apresentar-se duas vezes por semana à casa para os trabalhos de intercâmbio e passes, está imune às investidas malignas. Outros ainda não perceberam a gravidade do momento e, quando o alerta é veiculado, imaginam que o problema é apenas com os outros. Muitos de nós pensamos que as situações graves ocorrem apenas com os outros, mas quando somos atingidos por alguma ocorrência dolorosa é que percebemos nossa fragilidade. Outros não levam a*

Irmão Virgílio | Antonio Demarchi

sério, porque chegam ao cúmulo de imaginar que seu mentor ou protetor espiritual é sua babá e irá protegê-los vinte quatro horas por dia das quedas e tentações. Ledo engano. Infelizmente, até no meio espírita, encontraremos aqueles que irão duvidar de nossas palavras, questionar nossos alertas e, como observamos hoje, irão se ater apenas à palavra e à oratória, mas isso não poderá, em nenhuma hipótese, nos levar ao desânimo. Apenas poderemos lamentar por esses irmãos, orar e vibrar muito por eles, e continuar nosso trabalho com esforço redobrado, sob a orientação do Cristo!

As palavras do instrutor eram oportunas, calando fundo em meu coração.

Aproximávamos de nossa colônia, que cintilava na escuridão da noite. Sempre me emocionava com a magnífica visão da Colônia Irmão Nóbrega envolta em luz, à semelhança de uma estrela suspensa no espaço.

Meu olhar se estendeu para o alto, admirando a grandeza do espaço cósmico, sentindo no peito uma sensação de alegria diante da magnífica obra do Criador, e imaginei até onde se estenderia o universo. O universo era a maior prova da grandeza e da sabedoria de Deus e sempre me emocionava quando observava o espaço, pois, nem mesmo em pensamento, poderia ter uma pálida ideia da dimensão cósmica que se estendia muito além do infinito, onde minha visão, e sequer meu pensamento, alcançava. Um dia, quando o ser humano chegar à consciência da grandiosidade de Deus e do universo que nos rodeia, será mais humilde, tornando-se mais compreensivo, mais humano, mais amoroso, tolerante e solidário com o próximo.

A luta continua

No dia seguinte, encontrei-me com o Instrutor Ulisses na Biblioteca Eurípedes Barsanulfo, ocasião em que esclareceu-me que Irmão Heleno, juntamente com uma equipe de abnegados irmãos, partiria para uma nova missão junto daqueles que detêm nas mãos os destinos do nosso país.

— Existem leis em tramitação de extrema importância e que exigirá de nós, do plano espiritual, esforços no sentido de inspirar os irmãos que legislam para que não as aprovem de forma equivocada, cujo resultado será de graves consequências espirituais para o ser humano, principalmente para a mulher — esclareceu Irmão Heleno. — Uma delas trata do aborto. Mas existem outras tantas e necessitamos de esforço concentrado para reforçar e ampliar a sintonia benévola, porque também, e principalmente nas esferas da política, a atuação das legiões do mal estão infiltradas, encontrando em muitos legisladores sintonia favorável sugestões infelizes.

O Instrutor Ulisses destacou a importância da classe política que legisla e, quando inspirada por ideais superiores, dá forma a leis que conduzem a humanidade a avanços significativos, mas, quando cedem às tentações do poder temporal, as forças do mal transitam à solta nas mentes egocêntricas de políticos inescrupulosos que, então, legislam em causa própria, para alegria das forças das trevas, que antegozam com a presença de mais um político a serviço das teias traiçoeiras do mal que se multiplicam, alicerçadas em interesses escusos. A causa de Irmão Heleno era nobre em seu esforço, mas, lamentavelmente, não havia muitos políticos com disposição e condições para inspirações altruístas. Entretanto, o trabalho deveria prosseguir sem esmorecimento, e o esforço era justificado.

Comovido, abracei Irmão Heleno, desejando de todo coração sucesso em sua difícil missão.

Nos dias que se seguiram, continuamos nossas visitas à crosta terrestre para acompanhar a evolução dos trabalhos de alerta que se desenvolviam em várias frentes além das casas espíritas, também atuávamos na igreja católica, templos protestantes e evangélicos.

Em um domingo, acompanhamos a pregação de um inspirado pastor, líder de uma respeitável e tradicional vertente evangélica, que ganhava grande projeção e destaque por sua palavra inspirada.

Era uma grande assembleia, e o irmão discorria sobre o Evangelho, alertando sobre os perigos da invigilância, a atuação das forças do mal simbolizada na figura de "satanás", e a plateia ouvia atentamente. A palavra era inspirada por espíritos elevados, que a grande sensibilidade do pregador, o qual, com muita lucidez, materializava os ensinamentos de acordo com a ótica da fé que professava, sem deixar dúvidas, no entanto, a respeito da conduta reta que o crente deveria ter:

– Irmãos – dizia –, não pensem, porque somos crentes e frequentamos regularmente a igreja e ouvimos a palavra, que seremos salvos. Não, não e não! – repetia com ênfase. – Temos de aceitar Cristo no coração, porque religião nenhuma salva ninguém: é Cristo que salva! Tenho ouvido muitos crentes dizendo: estou salvo porque aceitei Jesus como Salvador, mas não vive de acordo com os ensinamentos do Evangelho! Então, está se enganando! Aceitar Jesus não é simplesmente dizer da boca para fora que aceitou Jesus! Não! É preciso viver e pautar seus dias, seus passos e seus atos de acordo com a palavra do Evangelho!

A palavra era inflamada, e o público, atento, levantava a mão, respondendo:

– Aleluia!

– Aceitar Jesus é se fortalecer na fé, na coragem, na luta, na retidão de conduta e dar testemunho pelo amor do Cristo. Vejo muitos crentes de longa data que vêm à igreja para ficar observando e criticando seus irmãos mais modestos. Vejo crentes que se entregam à maledicência e, em vez de prestar, atenção à palavra, se entregam a comentários maldosos. Não adianta vir à igreja e dizer que aceitou Jesus se dentro do coração ainda alimenta mágoas e ressentimentos. Hipócritas, assemelham-se aos escribas e fariseus! "Porque sois semelhantes a túmulos caiados: por fora mostram brancura, mas por dentro escondem podridão".[25] "Preocupais em limpar o exterior do copo e do prato, mas vosso interior está cheio de rapina e perversidade".[26]

"Irmãos, não podemos nos enganar, porque o mal prolifera no coração daqueles que honram Jesus apenas com a boca e não com o coração, principalmente nos dias em que vivemos o fim dos tempos, em que o diabo está tentando todos os fiéis e a humanidade inteira. Se não nos fortalecermos na palavra, se não vivenciarmos a palavra, seremos presas fáceis nas mãos do inimigo! Estejamos atentos, porque satanás ronda por todo lado, mas, se caminhamos com Jesus, estaremos a salvo! Porque Jesus nos ampara, nos protege, nos fortifica e nos exalta! Jesus é nossa proteção, Jesus é nosso sustento! Aleluia!"

A palavra era fluente e inflamada, envolvendo toda plateia na mesma sintonia de louvor e agradecimento a Deus. Podíamos observar que aquele irmão estava envolto em claridades espirituais, e sua inspiração se traduzia alicerçada na palavra que proferia, porque sua crença era inabalável.

Os fiéis correspondiam aos apelos vibrando com simpatia à oratória do pregador, considerando que suas palavras traduziam alertas verdadeiros, e deveriam ser seguidos com atenção. Era o pensamento geral do público.

Mas nem todos pareciam satisfeitos. Sob orientação do instrutor, aproximei-me, procurando penetrar na sintonia mental dos dirigentes que se encontravam acomodados atrás do palco, onde o orador fazia sua pregação. O teor dos pensamentos que

---

25. Mateus, 23: 27. (N.A.E.)
26. Lucas, 11: 39. (N.A.E.)

Irmão Virgílio | Antonio Demarchi

pude captar me surpreendeu, pois eram sentimentos de inveja surda e inconformismo diante da projeção que o pregador alcançava junto de seus organizadores. Detive-me a um dos dirigentes mais idosos e pude, então, ouvir seus pensamentos:

"Mas quem ele pensa que é?", pensava o dirigente. "Nós somos os diretores e responsáveis pela condução do rebanho e estamos aqui há tantos anos. Agora, chega este pastor e quer assumir a liderança da nossa igreja? Faz sua pregação, destaca-se e parece-me que quer tornar-se um artista da pregação. Não, não podemos permitir que isso prossiga. Preciso falar com meus pares e conduzir esse assunto com o máximo de cautela, mas será necessário criar alguma coisa para que ele seja afastado."

Parecia que, de um modo geral, esse era o teor dos pensamentos dos demais membros daquela igreja. Outro integrante exteriorizava vibrações de incontida inveja:

"Mas veja só", pensava. "Eu é que deveria estar fazendo a pregação no lugar dele. Ainda mais agora que a igreja tem o programa transmitido via satélite para o país inteiro. Esse pregadorzinho de meia-tigela faz de tudo para tornar-se uma celebridade. Temos de cortar suas asas. Preciso conversar com os diretores para saber a opinião deles. Eu deveria assumir as pregações apresentadas no programa, mas antes preciso convencê-los de minhas ideias."

Os demais dirigentes pareciam seguir a mesma sintonia de pensamento, exceto um deles, que realmente estava feliz com a postura e com os resultados das palavras do inspirado pregador, que, indiferente às tramas surdas, prosseguia, entusiasmado, sua palavra de esclarecimento aos fiéis.

O Instrutor Ulisses trouxe os esclarecimentos necessários:

— *O ser humano ainda é muito falho, Virgílio, e onde está o homem também está o erro. A palavra do Evangelho é a direção e a luz, mas o ser humano invigilante, principalmente aquele que ocupa posições hierárquicas de direção, teria a obrigação de exemplificar, além de praticar, a vigilância e a oração constante, para não cair em tentação.*

"O que vemos aqui acontece também em algumas casas espíritas: a briga pelo poder, o sentimento de inveja quando algum membro se destaca, a vaidade e o orgulho representam portas que se abrem e ficam escancaradas para atuação das forças das trevas, que se regozijam com as ervas daninhas que vicejam na seara onde apenas a boa planta deveria crescer. Infelizmente, esses irmãos, em vez de aplaudir e fortalecer o irmão de fé, deixam-se envolver pelo ciúmes e pela inveja, comprometendo o resultado da colheita. Mas a obra é maior do que as vaidades humanas e, certamente, as hostes do bem estarão amparando nosso irmão."

Agradecemos aos irmãos de nossa esfera que se apresentavam naquela assembleia e, em rápido deslocamento volitivo, nos dirigimos a uma igreja católica que, localizada em região privilegiada de classe média alta da zona sul, naquele momento, estava lotada para a missa.

Esclareceu-me o instrutor:

— *Trata-se de uma igreja cujo sacerdote já é nosso velho conhecido. Não podemos jamais julgar quem quer que seja, nem nos entregarmos ao debate inútil e infrutífero dos credos religiosos, porque em todas as seitas existem missionários que exemplificam o amor e, infelizmente, aqueles que falharam fragorosamente. A história do mundo mostra que a Igreja Católica, sob inspiração de dirigentes menos felizes, no passado, perpetrou males que assolaram a humanidade, e, no presente, alguns sacerdotes não têm estado à altura dos ensinamentos do Cristo, envoltos em escândalos que a mídia traz a público de forma lamentável. Como já dissemos anteriormente, em todos os lugares existem os grandes exemplos e os maus exemplos, que, felizmente, são a minoria. Padre Valério é um dos bons exemplos que temos alegria de visitar. É um espírito missionário, e, ao longo dos anos, tem procurado levar a palavra de Jesus aos paroquianos, com amor e dedicação.*

Adentramos o recinto da igreja. Padre Valério, uma figura alquebrada e franzina, com os cabelos já embranquecidos, inspirava profunda simpatia. Envolvido em intenso facho luminoso que descia do alto da abóbada do templo, o sacerdote fazia sua pregação sob inspiração de um amigo de nossa esfera, nosso conhecido, falando exatamente sobre a grande tribulação e da vinda do filho do homem, segundo a palavra de Mateus:

– "Irmãos, atentem às palavras de Jesus que, quando virdes o abominável da desolação de que falou o profeta Daniel, então os que estiverem na Judeia fujam para os montes, quem estiver sobre o eirado não desça para tirar da casa coisa alguma, quem estiver no campo não volte atrás para buscar a capa. Ai das que estiverem grávidas e que amamentam naqueles dias! Orai para que vossa fuga não se dê no inverno ou no sábado, porque haverá grande tribulação, como desde o princípio do mundo até agora não tem havido e nem jamais haverá. Não tivessem aqueles dias sido abreviados, ninguém seria salvo, mas por causa dos escolhidos tais dias serão abreviados. Então, se alguém vos disser: Eis aqui o Cristo! Ou, ei-lo ali, não acrediteis, porque surgirão falsos cristos e falsos profetas operando grandes sinais e prodígios para enganar, se possível, os próprios eleitos. Vede que vo-lo tenho predito. Portanto se vos disserem: Eis que Ele está no deserto! Não saiais. Ei-lo no interior da casa, não acrediteis, porque assim como o relâmpago sai do oriente e se mostra até no ocidente, assim há de ser a vinda do filho do homem. Onde tiver cadáver, aí se ajuntarão os abutres. Logo em seguida à tribulação daqueles dias o Sol escurecerá e a Lua não dará sua claridade e as estrelas cairão do firmamento e os poderes do Céu serão abalados".[27]

Padre Valério, depois de uma pausa, fechou os olhos em profunda concentração, e prosseguiu:

— Jesus chamou nossa atenção, caros irmãos, sobre as dores e agonias da grande tribulação. Prestem bem atenção e verifiquem os sinais, pois este momento que estamos vivendo é o da grande tribulação anunciada pelo Cristo. Cuidado, irmãos, porque o Senhor já ajunta no campo a colheita, separando o trigo do joio, e as trombetas anunciam que sua vinda está próxima. Não sabemos quando, mas Jesus nos alertou que aqueles dias seriam abreviados em consideração aos fiéis que permaneceram na conduta reta do bem em nome do Cristo. Estejam atentos em seus lares, cuidem da paz e harmonia em casa, conversem com seus filhos, pois o esteio de tudo está no seio da família cristã. Tragam seus filhos para a convivência com Jesus, para assistirem à Santa Missa e acompanhem de perto a vida de seus filhos queridos, para não

---

27. Mateus, 24: 15, 29. (N.A.E.)

Irmão Virgílio | Antonio Demarchi

os deixarem ao léu e, um dia, se arrependerem por ter negligenciado com a palavra em relação àqueles que são o sangue de vosso próprio sangue. Sinto-me profundamente entristecido quando vejo uma juventude tão desorientada, perdendo-se em caminhos perigosos e desvios assustadores, drogas e criminalidade. A principal responsabilidade é daqueles pais ausentes e desatentos, que um dia irão chorar lágrimas de sangue ao verem o que fizeram com os próprios filhos.

O sacerdote proferia as palavras com emoção, exaltando-as para que os fiéis pudessem despertar para a gravidade do momento. Destacava a violência, a inversão dos valores, os conflitos mundiais preconizados por Jesus, as catástrofes naturais e a atuação das forças das trevas, finalizando sua pregação com palavras baseadas no Evangelho de Mateus:

– Caros irmãos, estejamos atentos para não sermos apanhados desprevenidos. "Portanto, vigiai e orai, porque não sabeis o dia, mas considerai isto: se o pai de família soubesse a que hora viria o ladrão, vigiaria e não deixaria que fosse arrombada a porta de sua casa".[28] Cuidado, porque Jesus nos disse: "onde tiver cadáver, aí se ajuntarão os abutres." O cadáver simboliza as coisas ruins que temos em nosso íntimo, nossas mazelas, nossos defeitos, nossos sentimentos indignos de rancor, mágoa, ódio e sexualidade exacerbada, e onde houver esses sentimentos, à semelhança de abutres esfomeados unir-se-ão os espíritos perversos, para nos precipitar no lago de fogo que arde com enxofre, e então haverá choro, lamentações e ranger de dentes. Guardai

---

28. Mateus, 24: 42-43. (N.A.E.)

as palavras de Jesus para não serdes apanhados nas tentações do mal que ronda por toda parte.

Concluído o sermão do padre Valério, o mentor espiritual se aproximou atencioso, cumprimentando-nos alegremente.

– *Bom dia, Instrutor Ulisses! Bom dia, Irmão Virgílio, sejam bem-vindos à nossa humilde casa!*

– *Ouvimos a palavra inspirada de nosso querido Valério e nos sentimos satisfeitos, Irmão Heliel. Bem oportuna para os dias atuais* – comentou o instrutor.

– *Participamos das reuniões nas esferas mais elevadas e, como é do seu conhecimento, fomos orientados para levar a palavra de alerta ao ser humano a respeito da atuação das trevas e, dessa forma, procuramos inspirar nosso Irmão Valério a respeito do assunto, que tem sido levado em todos horários do ofício religioso desta casa.*

– *Tem acompanhado a receptividade dos paroquianos a respeito da palavra de alerta? Qual a reação da comunidade?* – indagou o instrutor.

– *Grande parte dos fiéis tem registrado a palavra de Irmão Valério com preocupação, sem levar ainda em conta a real gravidade do assunto e, por essa razão, insistimos no assunto, inspirando nosso querido irmão a focar, sob vários ângulos, a ideia da gravidade do momento de transição que a humanidade atravessa. Temos a certeza de que em breve irão observar e se preocupar de verdade a respeito da palavra e dos alertas sistemáticos. Infelizmente, muitos prosseguem acomodados, sem imaginar que a vida se modifica a cada dia, em movimento constante. Dessa forma, temos inspirados padre Valério a falar sobre a família e os filhos, pois muitos paroquianos são omissos, e seus filhos encontram-se em caminhos pantanosos das drogas e do sexo, e o que é pior: não se dão conta ou simplesmente não querem se incomodar, porque, como alguns alegam: "deixa como está, para ver como fica". Esquecem-se de que a vida é o maior presente que Deus nos concedeu e, por essa razão, nossa obrigação é enaltecê-la com valores que agradam o Criador.*

Naquele momento, o padre Valério fazia a consagração da hóstia, que se transformava em um foco de luz refulgente, cuja luminosidade era transmitida às demais hóstias que se encontravam sob o cálice. Os fiéis fizeram fila para a comunhão, recebendo cada qual a porção que lhe era destinada, a qual irradiava um tênue foco luminoso que se integrava ao corpo físico ao ser ingerida.

Por orientação do instrutor, acompanhei, surpreso, o processo de integração espiritual que aquele momento proporcionava ao fiel portador de fé, pois algumas pessoas retornavam aos seus lugares, visivelmente beneficiadas por meio da luminosidade que se irradiava por meio da aura psicossomática, enquanto outros, pude notar, retornavam exatamente como antes, sem nenhuma alteração visível aos nossos olhos.

Diante de minhas indagações, o Instrutor Ulisses trouxe-me novos ensinamentos:

— O que vale sempre e em qualquer lugar, Virgílio, é a fé verdadeira. Jesus nos disse que onde duas ou mais pessoas estivessem reunidas em seu nome, aí Ele também estaria. Padre Valério é um homem de Deus, abnegado, e tem dado testemunhos ao longo de sua vida sacerdotal. Quando, por meio da palavra, exalta o nome de Deus, ilumina-se pela fé que se irradia de seu coração. Quando

levanta a hóstia lembrando a consagração do corpo de Cristo de forma simbólica, ele o faz com convicção, recordando as palavras de Jesus e o significado que para ele representam aquelas palavras. Então, estabelece a ligação entre o Céu e a Terra, na força da fé e da oração sincera.

"Quando o cristão ouve a palavra e nela crê, estabelece a sintonia e se beneficia da vibração energética, sentindo verdadeiramente a presença de Cristo em seu coração. Já aquele cujo pensamento está distante da sintonia do bem, vulgarmente são conhecido como 'papa-hóstias', por sempre comungarem sem, contudo, dar valor ao ato a que se entrega. Então, o benefício se dissipa no espaço, visto que entra em contato com um coração que pulsa distante dos ensinamentos do Cristo. É isso que observamos no ato da comunhão. Um recebe o benefício espiritual, porque sua fé é verdadeira, o outro não, porque está enganando a si mesmo em sua fé aparente."

As palavras do instrutor fizeram-me refletir. Se por um lado, na Igreja Católica, encontramos os "papa-hóstias", por outro, nos centros espíritas, também encontramos os "papa-passes" ou "papa-água fluida", uma vez que frequentam as reuniões, ouvem as palestras, assistem as palestras, passam pelo intercâmbio mediúnico (desobsessão) constantemente, tomam passes regularmente, levam garrafas de água para serem fluidificadas e as tomam o dia inteiro, e assim seguem vida afora, sem modificar suas atitudes e condutas.

Por orientação do instrutor, acompanhei os comentários de alguns fiéis que já se preparavam para sair, uma vez a missa terminara.

Irmão Virgílio | Antonio Demarchi

Um casal, com a filhinha ainda pequena no colo, acabava de se levantar para a saída. A esposa, ainda jovem, mas visivelmente tocada pela palavra do sacerdote, comentava com o esposo:

– Amor, você não acha, ultimamente, que o padre Valério tem insistido bastante nessa transição e atuação das forças do mal?

– Acho, sim, querida, e com razão. É só estar um pouco atento para verificar que existe algo no "ar", que algo está errado. Crimes bárbaros têm se multiplicado, basta ligar a televisão, diariamente nos surpreendemos com crimes que nos causam horror. Violência, desavenças, drogas, acidentes coletivos e catástrofes naturais com vulcões que explodem, terremotos e maremotos que têm varrido tantas ilhas. Tudo isso é muito assustador, e o padre tem razão quando nos pede que estejamos alertas. Acho que vivemos mesmo um período de fim dos tempos, porque dá para perceber que o mal está à solta.

– Tem razão, querido – concordou a esposa. – Temos de orar muito e educar nossa filhinha no amor e no respeito a Deus.

O casal se distanciou, envolvido em suaves emanações luminosas. Aliás, era visível quais eram os fiéis que deixavam o recinto beneficiados pelas bênçãos espirituais da missa. Ative-me a observar um senhor com a fisionomia carregada, emburrado, que saiu da igreja sem sequer esperar pela esposa e filha, que também participaram do ofício religioso.

Enquanto mãe e filha se encontravam envolvidas em suave e discreta luminosidade, o homem apresentava a aura escura e companhias espirituais de acordo com seu padrão vibratório, apesar de acabar de deixar uma casa de oração.

Chegou até o carro importado que demonstrava sua condição de elevado *status* financeiro, abriu a porta, acionou a ignição, ligou o ar-condicionado e ficou com os dedos tamborilando no volante, com visível demonstração de impaciência, à espera da esposa e filha, que, finalmente, chegaram e se acomodaram.

– Até que enfim – reclamou, desgostoso. – Vocês deveriam morar na igreja de uma vez por todas. Na próxima vez, falo com o vigário para arrumar um lugar para vocês ficarem em definitivo, já que gostam tanto de lá. Já não basta a ajuda que você e sua filha oferecem às obras do padre?

A esposa ouviu, pacientemente, para, em seguida, responder amorosa:

– Calma, querido, não há razão para tanta intemperança. Por que está tão exaltado?

Enquanto mãe e filha eram beneficiadas com companhias espirituais benévolas de seus protetores, o marido estava sob forte influência de um espírito com aspecto envelhecido, esfarrapado, parcialmente calvo, nariz longo e aquilino. Seus olhos estavam injetados de rancor e mágoa e se aproveitava da vibração negativa de seu hospedeiro para manifestar ainda mais sua contrariedade.

– Calma, calma, você só sabe me dizer isso. Vir à igreja e ficar uma hora ouvindo as baboseiras desse padre está além do meu limite de tolerância. Fala essas bobagens, sobre forças do mal, tragédias e outras coisas das quais já estou farto. Para mim, sempre existiu violência desde que o homem é homem, e começou com Caim matando Abel. Desde então, sempre foi assim. Terremotos, vulcões, guerras e tudo mais sempre existiram na face da Terra. Tudo bobagem! – concluiu, arrogante.

Amparada por amigos espirituais, a esposa respirou fundo e ficou em silêncio. Era melhor assim. Ele prosseguiu:

– Está vendo? Perdemos meio dia com este Sol lindo. Poderíamos estar na piscina do clube, gozando o que a vida nos oferece. Nisto eu acredito: que o dinheiro nos possibilita uma vida de regalos. Para quê aturar conversa mole de padre?

A esposa retrucou com serenidade e tato:

– Calma, querido! Concordo contigo que podemos gozar a vida com as condições o que o dinheiro nos possibilita. Mas nós somos afortunados! Você herdou a empresa de seu pai. E os menos felizes? Aqueles que não têm o que comer em casa?

– Lá vem você de novo com essa conversa para boi dormir – respondeu, áspero. – O que tenho eu a ver com os miseráveis que moram na periferia? O governo que se vire para dar um jeito, afinal, o governo tem sido muito bonzinho com esse bando de vagabundos. Dá terra, moradia, alimentos, dá tudo, e eles nunca estão satisfeitos. A plebe é assim mesmo. Você disse que herdei a empresa de meu pai, mas foi graças ao meu esforço e meu "faro" pelos negócios que a empresa prosperou e se tornou a potência que é hoje, respeitada até no exterior, porque exportamos para o mundo inteiro – concluiu.

Notei que a esposa, momentaneamente, havia se irritado, de forma que registrei seus pensamentos que não chegaram a se materializar em palavras: "é verdade, você prosperou mesmo explorando os mais fracos, vencendo licitações de forma duvidosa, corrompendo funcionários e autoridades públicas, destruindo seus adversários de forma impiedosa para alcançar seus objetivos", mas sob a tutela do amigo espiritual, conteve-se. Respirou fundo mais uma vez, para alcançar seu equilíbrio, e respondeu:

– Querido, por que você deseja ir hoje ao clube? Não temos uma belíssima piscina em nossa mansão? Vamos para casa aproveitar este lindo dia.

– De jeito nenhum – respondeu, autoritário. – Vamos para o clube, porque, ainda ontem, falei com aquele meu amigo que é comendador e tem grande influência política. Ele estará com a esposa nos esperando. Almoçaremos juntos e depois bater um longo papo na piscina, saboreando tudo de bom que a vida nos oferece.

– Não sei o porquê, mas não gosto deste tal comendador. A esposa dele, então, nem se fale. Mulher fútil, que só se preocupa com luxo e viagens.

– É um homem poderoso e admiro os homens poderosos como eu. É influente e já me facilitou uma porção de negócios, e isso, para mim, basta.

A esposa, mais uma vez, se conteve. "Agora", dizia ela em pensamento, "já sei porque não gosto deste homem." Mas não deixou de retrucar ao marido, de forma paciente:

– Querido, você é uma pessoa que admiro muito por tudo que você é, mas sinto que você não tem Deus no coração, e isso me preocupa. É com razão que você tem orgulho do poder que possui, mas sem Deus não somos ninguém. Amanhã mesmo não sabemos se estaremos vivos ou não. E o que nos valerá tanto dinheiro e poder?

Irmão Virgílio | Antonio Demarchi

O marido riu de forma debochada diante das palavras da esposa:

– Está vendo? Esta é nossa grande diferença. Vou à igreja apenas para cumprir minha obrigação e para que você me deixe em paz com suas bobagens. Mas vou te dizer uma coisa: Deus não veio me ajudar em nenhum momento, quando tive que pagar dívidas e resolver negócios complicados. É em mim mesmo, em minha inteligência, no poder do meu dinheiro que eu acredito e nada mais. Você acha que as pessoas iriam nos reverenciar e nos respeitar se fôssemos pobres? Que nada! Volto a dizer que tudo isto é uma grande besteira.

Entristecida, a esposa se calou definitivamente, porque já estavam chegando a um imponente e tradicional clube na região dos Jardins.

Para nós, já era suficiente o que havíamos ouvido e, sob orientação do instrutor, partimos de retorno à nossa colônia.

No trajeto de retorno, entretanto, o diálogo entre o empresário endurecido e sua paciente esposa não me saía da mente. Refleti que, se, por um lado, existem aqueles que ouvem a palavra, guardam-na e a colocam em prática, outros simplesmente a ignoram. Criam ao seu redor um mundo de fantasia, patrocinados pelos valores materiais e os poderes temporais, e vivem neste mundo como se tudo obedecesse à vontade de seus interesses, como se jamais um dia houvesse de chegar ao fim.

Diante do diálogo que presenciamos, recordei o ensinamento de Jesus a respeito da avareza, quando o homem rico regozijava-se sob a abundância de seus celeiros, dizendo para si mesmo: *"tens em depósito muitos bens, para longos anos.*

Descansa, come, bebe e regala-te. Mas Deus lhe disse: Louco, insensato, esta mesma noite sua alma será pedida e o que tem preparado para quem será? Assim, disse Jesus, o que entesoura para si mesmo não é rico diante de Deus."[29]

---

29. Lucas, 12: 19-21. (N.A.E.)

Acompanhando os resultados

á havia transcorrido mais de seis meses desde que assistíramos à assembleia das trevas, com o início do plano de ação de Érebo e Polifemo.

Sob a tutela do Instrutor Ulisses, acompanhamos centenas de reuniões espirituais realizadas no plano material, incluindo as evangélicas, católicas, espíritas e demais credos, sem restrição.

O instrutor informou-me de que, naquela noite, haveria uma reunião, no Grande Salão da Colônia, da qual participariam os mais altos dirigentes de nossa esfera, para uma análise mais profunda da situação diante da ação dos espíritos perversos. Era necessário preparar um relatório objetivo para que fosse reportado aos espíritos superiores a respeito da reação do ser humano diante do envolvimento das forças do mal, e as respostas das criaturas humanas diante dos alertas até então divulgados pelas forças do bem.

Ouvindo as informações do instrutor, meditei: qual a necessidade de uma reunião de avaliação e a preparação de um relatório para ser reportado às esferas superiores informando sobre a situação que a humanidade está passando? Os espíritos superiores não detêm condições para acompanhar mentalmente, ou por meio de sintonia vibratória, a evolução dos acontecimentos no dia a dia? Se já estava previsto – com antecedência de milênios – que este seria o período da grande transição, que nesta época haveria a atuação violenta das forças do mal, que as forças do bem estariam alertas e atuando em favor da criatura humana, para anular, ou pelo menos minimizar, as consequências do ataque maciço dos trevosos; qual o fato novo que os espíritos superiores esperavam?

Mal acabara de formular meu pensamento, e o Instrutor Ulisses trouxe-me apontamentos preciosos:

– *Na verdade, Virgílio, é bom que se esclareça e que as criaturas humanas tenham ciência do fato. Em todo universo existem inumeráveis mundos que gravitam e cintilam sob o comando e sabedoria do Altíssimo, que tudo criou e tudo sustenta com seu amor, poder e glória infinita. Nada existe fora do Criador que tudo comanda, e tudo está envolto em seu seio amoroso, gerando vida e luz sob o manto da bondade e misericórdia, porque o Pai ama cada um dos filhos Seus.*

"No celeiro do universo, humanidades proliferam no regaço de cada planeta que orbita na infinita sabedoria do Pai Eterno e, sob seu comando, caminham, evoluindo sempre até atingirem a perfeição, quando serão à imagem do próprio Criador. Nesta caminhada inexorável, os ciclos evolutivos se repetem. O espírito inicia sua jornada

Irmão Virgílio | Antonio Demarchi

em um planeta primitivo, onde, na condição primitiva, aprende a desenvolver os sentimentos, mas ainda imperam os instintos animalizados. No estágio seguinte, atinge o ciclo de expiações e provas, no qual o espírito já evoluiu e alcançou a condição do raciocínio e, com isso, conquistou o livre-arbítrio, mas ainda se encontra prisioneiro dos instintos. O amor já se manifesta, mas os instintos ainda são muito fortes. Pelo fato de já deter o conhecimento e o discernimento do que é certo e errado, o espírito, então, passa a ter responsabilidades por seus atos, adquirindo débitos diante de suas atitudes erradas e, por esta razão, necessita das expiações e provas para a devida reparação do mal que praticar."

"O próximo estágio é o da Regeneração, onde estarão presentes apenas aqueles que foram aprovados na grande prova de seleção, para que adentrem este estágio os que detêm em seus corações sentimentos mais nobres de bondade e mansidão. No ciclo da Regeneração, embora ainda exista a presença do mal, o bem já se encontra fortalecido e prevalecerá, superando os resquícios do mal, que será debelado à medida que as criaturas vencerem as deficiências de que ainda são portadoras, até o triunfo completo do bem. E o amor do Cristo resplandecerá sobre toda humanidade".

O instrutor falava de forma pausada, para que eu pudesse anotar com cuidado suas ponderações.

– Como podemos observar – continuou –, os ciclos se renovam a bem do próprio ser humano, que deve evoluir, conquistando, com suas lutas e esforço pessoal, a ascensão em direção à perfeição, destino indelével de cada um de nós. Como esses ciclos se sucedem em todos os quadrantes do universo, os espíritos superiores possuem, antecipadamente, informações sobre a época em que esses ciclos ocorrerão em cada planeta respectivo. Com o nosso planeta não é diferente. Informam-nos nossos superiores que existem comunidades de espíritos puros e perfeitos que habitam esferas mais elevadas, onde apenas a luz existe. É algo que estamos distante de imaginar, pois não dispomos de termos comparativos para nos expressar.

"Nem mesmo em pensamento podemos imaginar sua grandiosidade e beleza, porque, nestas paragens, existe apenas energia em forma de luz que brilha incessantemente, emanada do próprio Criador, em seu amor infinito. Os espíritos que habitam essas esferas, encontrando-se em comunhão integral com o Criador, captam, dessa forma, o pensamento do Verbo Divino, manipulam as energias cósmicas, condensam essas energias, dão formas a galáxias, nebulosas, estrelas e planetas, na condição de copartícipes na grande obra da criação. Não podemos localizar essas esferas nem esses espíritos no tempo ou espaço, porque vibram na dimensão Divina."

"Jesus Cristo é um dos Membros desta comunidade, e coube a Ele a sintonia da vontade do Pai ao ato de amor para criar nosso planeta. Jesus foi o sublime arquiteto que, manipulando energias cósmicas, condensou e deu forma ao nosso planeta. Acompanhou todas as etapas evolutivas desde as convulsões telúricas, o resfriamento, o surgimento das primeiras formas de vida e, com amor incontido, acompanhou todas as etapas que, sob sua tutela, se desenvolviam, até o surgimento das primeiras manifestações humanas na Terra. Nos milênios incontáveis, Jesus nos viu surgir como criaturas humanas, desde os antropoides, o homos erectus, o homo sapiens, acompanhando-nos passo a passo até os dias atuais. Por isso, o Mestre nos amou tanto e fez questão de vir pessoalmente nos trazer a grande mensagem da Boa-Nova, doando-se para nos resgatar das teias da ignorância."

Irmão Virgílio | Antonio Demarchi

As palavras do instrutor eram profundas e emocionantes. Imaginei, que Jesus, em sua missão sacrificial, renunciara às esferas luminosas onde habitava, e descera até nós, submetendo-se às vibrações densas e pesadas do planeta, se fez presente em um corpo físico. Sem privilégios, sujeitou-se às leis que regem a matéria e aqui viveu trinta e três anos, sob o jugo da incompreensão das criaturas. Doou a própria vida, num sacrifício extremo, para ensinar e exemplificar seu amor, mas o ser humano ainda pouco conhece a respeito de Jesus e de seus ensinamentos!

"Por que?", perguntei a mim mesmo. "Por que?". Transcorridos mais de dois mil anos aqui estamos nós, vivendo um ciclo de transição, ainda digladiando com nosso semelhante, preocupados com nosso ego, incapazes de perdoar os desafetos, entregues aos melindres e mágoas pessoais, insensíveis aos tristes e aflitos da vida e esquecidos das palavras e dos ensinamentos de Jesus! Que pena! Recordei a tristeza de Jesus ao verificar que mesmo entre seu próprio povo não era compreendido nem aceito: "Jerusalém, Jerusalém! Que matas os profetas e apedrejas os que te foram enviados! Quantas vezes quis eu reunir os teus filhos como a galinha ajunta seus pintinhos debaixo de suas asas e vós não o quisestes!".[30]

O instrutor complementou meus pensamentos.

– *Tens razão em seus pensamentos, Virgílio. O Divino Amigo não mediu esforços nem sacrifícios. Poderia ter enviado outro mensageiro para nos trazer a grande revelação do Deus que é amor e misericórdia infinita, cujos ensinamentos se resumiam na lei do*

---

30. Mateus, 23: 37. (N.A.E.)

amor, amando a Deus sobre todas as coisas e ao próximo como a si mesmo. Mas não, a mensagem era de suma importância, de forma que veio pessoalmente para viver a grande mensagem de amor entre os homens, que não o compreenderam. Escolhemos Barrabás, naquela época, e Jesus foi para a cruz, e sua morte em holocausto foi o exemplo final de sua grande missão.

"A grande tristeza do Mestre é que, transcorridos mais de dois mil anos, continuamos escolhendo a Barrabás em detrimento de Jesus, o que não mais se justifica, pois, naquela época, o ser humano podia alegar ignorância, mas, hoje, temos obrigação de conhecer o Evangelho e seguir seus passos. Mas o ser humano ainda vive para as emoções do momento, envolve-se com as glórias passageiras, entrega-se aos devaneios e distrações perniciosas que o levam a despenhadeiros tenebrosos, porque ainda encontra-se distanciado do amoroso Mestre que tudo fez por nós, e o que é mais grave: não se dá conta do que ocorre à sua volta, no campo da espiritualidade."

"Poderíamos fazer uma comparação desta passagem de Mateus com a própria situação humanidade: "Meus filhos amados! Meus filhos amados! Quantas vezes quis eu te reunir sob o jugo do meu amor, como a galinha junta seus pintinhos debaixo de suas asas e não o quisestes."[31] Por essa razão, Virgílio, é que os espíritos superiores acompanham com interesse o desenrolar dos acontecimentos em nosso planeta. Jesus é o interessado direto e, sob seu comando amoroso, plêiades de espíritos luminosos envolvem a Terra no amor incomensurável do Mestre, que é graduado de escala em escala,

---

31. Mateus, 23: 37 (N.E.)

Irmão Virgílio | Antonio Demarchi

de forma que, mesmo aqueles que vibram sob a sintonia do mal, se conseguirem, em virtude de algum acontecimento relevante em suas vidas, alterar seu diapasão vibratório, serão imediatamente alçados à vibração do próprio Cristo."

"Porém, de nada adianta a luz que brilha se a criatura humana, por vontade própria, busca a escuridão. Jesus acompanha, passo a passo, o ser humano que Ele tanto ama, e que, infelizmente, como naquele dia triste da história humana, ainda faz a opção por Barrabás. As hostes espirituais, sob o comando de Jesus, se desdobram no exercício do amor pela humanidade, e nós temos levado as mensagens e os alertas para o ser humano que, no corre-corre do cotidiano, não compreende ou ainda não leva a sério as mensagens recebidas, seja no centro espírita, nos templos evangélicos, nas igrejas e demais casas de oração."

O instrutor fez breve pausa, para em seguida prosseguir:

– Mais do que ninguém, o Divino Mestre sabe que, pelo estágio evolutivo em que a humanidade se encontra, haverá um número significativo de perdas, com os que forem reprovados no exame final, e, portanto, retornarão às primeiras lições negligenciadas, em um novo planeta, que se encontra em estágio primitivo de evolução. O Mestre sabe de tudo isso, mas, acima de tudo, nos ama incondicionalmente e, por esse motivo, jamais desistirá de qualquer ovelha de seu rebanho.

"Na parábola da ovelha perdida, Jesus deixa claro que: 'O filho do homem veio para salvar o que estava perdido! Que vos parece? Se um homem tiver cem ovelhas e uma delas se extraviar, não deixará ele na segurança do aprisco as noventa e nove, saindo à procura daquela que se extraviou? E se por ventura a encontra, em verdade vos digo, que maior alegria sentirá por causa desta, do que pelas *outras noventa e nove que não se extraviaram.'[32] Assim* – continuou o instrutor –, *embora o Divino Amigo saiba que muitos serão banidos para um planeta inferior, em benefício próprio e em benefício da humanidade que herdará a Terra, as hostes espirituais, sob seu Divino comando, se desdobram em esforço contínuo para que todas as criaturas, encarnadas e desencarnadas, tenham tantas oportunidades quantas necessárias para que o Divino Pastor possa resgatar, nem que seja no fundo do abismo, a última ovelha perdida."*

"Depois, restará apenas a tristeza pelos renitentes que partiram por opção própria, porque rejeitaram todas as oportunidades que lhes foram proporcionadas. Mesmo assim, Jesus jamais se esquecerá dos degredados e os acompanhará a distância, com seu olhar compassivo e amoroso, esperando que, no futuro, após os milênios de luta e dor em um planeta inóspito, quando comparado com a Terra, retornem redimidos ao seio do Mestre amoroso, ou continuem como missionários no novo planeta que os acolheu como filhos indisciplinados."

Imaginei a grandiosidade e a complexidade do planejamento planetário no que diz respeito à evolução das humanidades dos inumeráveis mundos que rodopiam no infinito cósmico. Tudo obedece aos planos da criação superior, que tem o princípio e os desígnios no seio do Pai Eterno, dos quais Jesus Cristo é um dos sublimes arquitetos na realização desse grandioso plano. Ninguém se perderá, pois mesmo aqueles que seguirem para o desterro terão a oportunidade do recomeço, resgatando com suor e lágrimas a própria redenção, para um

---

32. Mateus, 18: 11-13. (N.A.E.)

Irmão Virgílio | Antonio Demarchi

dia sentirem-se dignos de retornar à companhia amorosa do Cristo e do Pai Eterno.

O instrutor acompanhava o teor de meus pensamentos e o concluiu com considerações oportunas e esclarecedoras:

– *É assim mesmo que funcionam os mecanismos da sabedoria do Criador, Virgílio. A dimensão do amor de Deus para com seus filhos é inimaginável para nosso entendimento e jamais poderíamos imaginar que o Pai criaria filhos para depois os condenar ao fogo das penas de forma irremediável. Assim, zelosos de que somos do amor do Pai Eterno e de Jesus, não podemos medir esforços, pois vimos nos ensinamentos do Mestre que aquela ovelha resgatada trará muita alegria ao coração amoroso do Divino Pastor. Como sabemos, o mal é transitório, mas o bem é eterno.*

"Dessa forma, espíritos devotados ao mal, como Polifemo e Érebo, que aliciam irmãos menos felizes para suas fileiras na pretensa ofensiva contra o bem, não perceberam que tudo se transforma ante o amor do Criador; e também eles, um dia, cansados e desiludidos, retornarão como filhos pródigos na busca da casa paterna, envergonhados pelas lutas inglórias travadas na rebeldia insana contra o Senhor da Vida. O Pai espera pacientemente o retorno de cada filho transviado. Entretanto, enquanto isso não acontecer, cabe a nós a responsabilidade do trabalho amoroso para minimizar os danos transitórios, poupando de dores desnecessárias as ovelhas distraídas do caminho, para não caírem nos abismos insondáveis dos despenhadeiros escuros das tentações.

As palavras do instrutor traziam importantes esclarecimentos. Era confortante saber que até aqueles que personificam o mal também terão a oportunidade da redenção em um futuro, quem sabe não muito distante. O tempo se encarrega de tudo, e o bem sempre prevalece, apesar do aparente domínio do mal, típico de um período de transição como o que vivemos.

Naquela noite, comparecemos com alguma antecedência ao Grande Salão da Comunicação para Todos os Planos da Colônia. Era uma reunião restrita, segundo me adiantou o Instrutor Ulisses.

Enquanto aguardávamos o momento aprazado, o instrutor conversava com companheiros da Colônia Irmão Nóbrega e alguns convidados de outra colônia que estavam presentes para aquela reunião.

Fiquei surpreso ao identificar entre os presentes um querido amigo de longa data: o professor Licurgo. Abracei o amigo com alegria, pois tínhamos sido contemporâneos em São Paulo, lecionando na mesma escola no fim da década de 1950. Embora, na época, o professor Licurgo tivesse mais idade, nutríamos um pelo outro grande respeito e amizade.

— *Como vai, Virgílio? Que alegria reencontrá-lo!* – cumprimentou-me com um abraço afetuoso.

— *Digo o mesmo, professor, ao revê-lo, sinto como se estivesse fazendo uma viagem no tempo. Saudades de uma época romântica e de sonhos. De um tempo em que a missão do professor era mais valorizada e respeitada.*

O professor Licurgo respirou fundo e, com os olhos cheios de lágrimas, respondeu:

— *Nem me fale, Virgílio, nem me fale* – disse com um sorriso melancólico. — *Confesso que tenho desenvolvido um trabalho junto de escolas, professores e alunos, e o que tenho visto deixa-me profun-*

damente triste ao verificar a atual situação do ensino, das condições de precariedade das escolas, dos professores que se esforçam para fazer o melhor e o descontrole dos alunos. É notório, pois todos sabem que o futuro de uma nação é oferecer suporte educacional para suas crianças. Mas o que temos assistido em nossa pátria são os poderes públicos perdidos em um emaranhado sem-fim de leis anacrônicas e ineficientes, discursos vazios de políticos inescrupulosos, desvio do erário público e corrupção desmedida cuja consequência é a falta de verbas para construírem novas escolas, oferecerem mais dignidade aos professores e cuidarem com mais responsabilidade de nossos jovens.

"– Em nossa época – rememorou o professor, saudoso –, a grande responsabilidade dos pais era educar seus filhos que iam à escola para serem alfabetizados. A educação vinha de casa, do lar, do berço. Se o pai recebesse algum bilhete do professor ou diretor, comparecia à escola para tomar conhecimento do ocorrido. Em casa, o filho era devidamente repreendido. Havia civilidade, respeito, e edificavam-se cidadãos. As coisas mudaram muito, Virgílio. Temos acompanhado e visto professores acuados na própria dignidade, agredidos fisicamente e desacatados em sua autoridade por alunos desrespeitosos e malcriados. Observamos ocorrências absurdas, ao verificar atitudes de pais que hoje comparecem às escolas para ameaçar o professor porque o filho sofreu alguma reprimenda. Vemos leis e estatutos ultrapassados. Se no início trouxeram benefícios, deveriam ser adequadas e corrigidas com o passar do tempo, na medida das necessidades, e, lamentavelmente, não o foram."

"Observamos, hoje, que essas leis e estatutos provocaram desvios perigosos e têm causado muito mal, diante do descaso e da falta de estrutura dos lares, onde pais e mães são omissos na educação de filhos agressivos e mal educados, abrindo perigosas portas para as drogas e da marginalidade que ronda escolas da periferia e mesmo das regiões centrais das grandes cidades. O resultado não poderia ser mais desastroso: o ensino público deficiente, a falta de estrutura física, os professores desmotivados e acuados, os pais omissos e ausentes na formação moral de seus filhos e, finalmente, os adolescentes que destroem o patrimônio que deveriam zelar em benefício próprio, jovens que disputam poder, agredindo professores e colegas mais fracos, criando uma triste realidade em que apenas em um futuro próximo será possível avaliar a exata extensão dos estragos provocados pelos descasos e desmandos de nossos legisladores."

O professor falava com emoção, e seus olhos estavam marejados de lágrimas.

– Acompanho com extrema preocupação esse estado de coisas, Virgílio, porque também nas escolas as forças do mal se infiltraram de forma perigosa e sorrateira, aliciando jovens desprevenidos que têm sido vítimas de assédio ostensivo por parte de espíritos trevosos. O grande problema é que tudo começa em casa, pois muitos não têm um bom exemplo dentro do próprio lar e reproduzem a falta de estrutura familiar. Zombam e "zoam", como dizem na gíria típica, dos colegas que são comportados e dos que falam em religião. Falar de Deus, falar de Jesus, é motivo de chacota e pilhéria, até de agressão. As drogas têm invadido de forma ostensiva o ambiente escolar, atingindo alunos cada vez mais jovens.

"O mal se agrava com o aliciamento dos jovens por parte de marginais perigosos, que se aproveitam das 'brechas' da lei em benefício do crime, de forma conveniente. O jovem aliciado funciona como para-raios da criminalidade, assumindo culpas pela condição de inimputabilidade. Para o jovem que se desviou do caminho, fazer parte de uma facção criminosa, ostentar uma arma, é o máximo, significa status, significa que é 'respeitado na roda', autossuficiente, ganha dinheiro fácil, exibe roupas de marca e é disputado pelas garotas. As portas largas, o dinheiro fácil, a admiração que conquista encobrem um problema de gravíssimas consequências, que acaba sendo maquiado pelos aparentes benefícios."

"O jovem infrator que adere ao caminho do crime sente-se confortável diante de leis condescendentes e ineficazes, sente-se estimulado a prosseguir pelos caminhos tortuosos, porque, infelizmente, as leis e o poder público falham clamorosamente no trabalho de educação desses jovens, cujo futuro torna-se incerto e nebuloso. Louve-se os esforços para reeducação e ressocialização, mas as ações ainda são débeis e muito distantes da cruel realidade dos jovens infratores. A ociosidade e as horas vazias 'são a oficina do diabo', como diz, com sabedoria o ditado popular."

"Há de se encontrar mecanismos de estímulo para ocupar a mente e o tempo de nossos jovens acolhidos nas casas de reeducação, mecanismo que possam realmente mostrar-lhes alternativas mais interessantes daquelas que o mundo do crime lhes acena. Esse assunto deve ser encarado de frente e com seriedade que o tema requer. Creio que todas as leis são feitas sempre com os melhores propósitos e a que se refere aos nossos jovens não é diferente. Mas o tempo passa, a realidade se modifica, as necessidades se transformam, e, se não houver correção de trajetória, acabarão caindo no vazio, tornando-se obsoletas, anacrônicas e desrespeitadas pelos próprios interessados. Nossos legisladores que nos perdoem, mas falham clamorosamente ao não analisar os pontos positivos e negativos de uma lei, corrigindo-as em tempo hábil, adequando-as à realidade que vivemos e fazendo cumpri-las com rigor, para que sejam, no mínimo, respeitadas pelos próprios infratores."

O professor suspirou fundo, fazendo uma pausa para reflexão, e em seguida concluiu:

– Como vemos, Virgílio, a educação é o princípio do bem e da estrutura moral. Por outro lado, a falta da educação torna os caminhos muito estreitos, diminui as possibilidades e alternativas e escancara as portas para as vias tortuosas do mal. É triste constatar que nosso querido Brasil ainda está distante de atitudes firmes e serenas que possam proporcionar escolas e ensino às nossas crianças que residem em locais mais pobres e distantes de nosso país, onde se encontram nossos irmãos brasileiros esquecidos dos políticos corruptos, que se importam apenas com as reeleições e a manutenção dos favores à parentela e aos amigos mais chegados. Um dia, quem sabe não muito distante, quando, no vendaval da renovação da grande transição, os políticos corruptos e inescrupulosos já tiverem sido varridos do nosso planeta, haverá de surgir uma nova era. Tenho esperança de ver nossa pátria querida cuidando com respeito de nossas crianças, proporcionando-lhes educação e a dignidade, para que se tornem cidadãos exemplares e possam trazer no peito a felicidade de terem nascido nesta abençoada pátria.

O professor Licurgo concluiu, visivelmente emocionado. Conhecia o professor de longa data. Sempre fora um cidadão exemplar, um professor dedicado e homem da mais alta moral. Sentimentos de seriedade, respeito ao próximo, civilidade e solidariedade sempre foram marcas inesquecíveis de seu caráter.

O Sétimo Selo | O Silêncio dos Céus

Sabia como ele se sentia ao expressar seu desencanto com o estado da situação. Abracei-o comovido, pois também era minha esperança que, num futuro não muito distante, pudéssemos ter um novo mundo e um Brasil renovado em sua missão de Coração do Mundo e Pátria do Evangelho.

A hora era chegada e os convidados já se encontravam presentes. Um número seleto e reduzido. A reunião seria destinada apenas aos responsáveis pelos trabalhos na crosta de nossa colônia e das colônias adjacentes – esclareceu-me o instrutor.

Irmão Plácido, nosso dirigente maior, assumiu a direção dos trabalhos, convidando-nos à prece proferida por ele com emoção enquanto o ambiente se iluminava, ampliando sua extensão para além dos limites por nós conhecidos. No alto da cúpula da construção, uma luz descia de esferas mais elevadas, trazendo aos nossos domínios uma figura translúcida e vaporosa que tomava forma e se condensava aos poucos. Era a representante do mundo superior que se fazia presente, materializando-se entre nós, se assim podemos definir, apresentando seu corpo perispiritual envolvido por luz fosforescente.

A reunião iria ter início sob os auspícios de Jesus Cristo, o Divino Mestre, anunciou o dirigente.

O sétimo selo

Quando o Cordeiro abriu o sétimo selo, houve silêncio no céu cerca de meia hora. Então, vi os sete anjos que se acham em pé diante de Deus e lhe foram dadas sete trombetas. Veio outro anjo, que ficou em pé junto ao altar com um incensário de ouro, e foi-lhe dado muito incenso para oferecê-lo com as orações de todos os santos sobre o altar de ouro que se acha diante do trono, e da mão do anjo subiu à presença de Deus o fumo do incenso com as orações dos santos. E o anjo tomou o incensário, encheu-o do fogo do altar e o atirou à Terra. E houve trovões, vozes, relâmpagos, e terremotos.[33]

Todos estávamos envolvidos em elevado estado de emoção diante das entidades que se manifestavam em nossa presença. Um foco luminoso, translúcido, se levantava ao alto, à semelhança de um farol que espargia luz para o local da cúpula onde se encontravam os irmãos que se faziam presentes no salão.

Confesso que me encontrava em estado de graça naquele momento sublime, sentindo-me envolvido naquela vibração de elevada energia sideral que se emanava no ambiente. Olhei ao redor e observei que cada um dos presentes mantinha igual sentimento.

Tal qual um anjo de luz, a figura feminina se manifestou. Embora sua voz ecoasse límpida e cristalina no ambiente, seus

---

33. Apocalipse, 8: 1-5. (N.A.E.)

lábios não se moviam, conservando um sorriso perene que nos tocava nas fibras mais sensíveis do nosso íntimo.

A voz que ouvíamos, era uma simples vibração da vontade de seus sentimentos, transmitida por via telepática, à mente de cada um dos presentes, pela sintonia vibratória, ecoando na acústica mental como se fossem palavras articuladas em alto e bom som, e cada qual assimilava sua mensagem de acordo com o nível espiritual.

A mensagem que ouvi, procurei transmiti-la aqui, oferecendo o melhor entendimento possível, diante de minha reduzida capacidade de compreensão, após submetê-la à analise crítica do Instrutor Ulisses:

– *Caríssimos irmãos em Cristo* – iniciou ela. – *Estamos aqui em nome Daquela que, por seu intermédio, possibilitou a vinda de Jesus até a Terra em um frágil corpo de carne. O Verbo se fez carne e habitou entre nós pela pureza de uma mulher que se doou para que o Salvador pudesse se manifestar entre os homens para trazer a palavra. A generosa mãe de Jesus acompanha com fervoroso interesse os destinos da humanidade. Fomos alertados pelo próprio Mestre que o dia e a hora apenas o Pai o sabe, mas observamos os sinais inequívocos de que a grande transição está em franco andamento.*

"Em nome de Maria Santíssima e de Jesus, nosso Amado Mestre, acompanhamos o esforço amoroso de cada um dos trabalhadores do bem, que se multiplicam exponencialmente à medida que descem às esferas mais densas da crosta terrestre, levando, cada um com sua vibração amorosa, a sintonia do próprio Cristo em favor da criatura humana desviada dos bons caminhos. Sabemos,

O Sétimo Selo | O Silêncio dos Céus

também, que as forças negativas encontram farta reciprocidade em seres que ainda vibram na sintonia dos prazeres e dos enganos passageiros da carne e da matéria. Sabemos como essas vibrações são poderosas e envolventes, pois também já vivenciamos situações semelhantes. Sabemos como é difícil transformar as criaturas, modificar seus hábitos e arrancá-las do turbilhão negativo que envolve aqueles que não elevaram."

"Conquanto saibamos que apenas o Pai sabe o dia e a hora, podemos dizer-lhes que o sétimo selo já foi aberto, e este é um momento de solene gravidade. O silêncio simbólico de quase meia hora representa uma trégua, um escasso lapso de tempo em que temos muito que trabalhar para resgatar nossos irmãos, antes que venhamos assistir à sucessão de acontecimentos trágicos, tribulação, ranger de dentes e dores que a humanidade atravessará nas próximas décadas, até que sejam consumadas todas as possibilidades, e, então, o tempo tenha se esvaído e a seleção do joio e do trigo se completado. Isso quer dizer, caríssimos irmãos, que, enquanto houver tempo e possibilidades, haverá esperança, e, a cada ovelha desgarrada que trouxermos de volta ao redil, grande será a alegria do Sublime Pastor."

"Portanto, em nome de Maria Santíssima, de Jesus nosso Amado Mestre, devemos incentivá-los a prosseguir no trabalho do esclarecimento, iluminando e inspirando as criaturas humanas por meio da palavra e do exemplo, apesar das incompreensões e das críticas daqueles que, sem perceber, se tornam críticos úteis às forças do mal. Prossigam com coragem, fé e confiança no Cristo, que nos deu o grande exemplo, diante da incompreensão de todos, no martírio da cruz; jamais deixou de nos amar e acreditar no ser humano mais empedernido. Nesta noite de amor e luz, somos portadores imperfeitos da mensagem do Sublime

Nazareno, para que saibam que Ele sempre está, e estará, conosco até a consumação dos tempos. Maria Santíssima acompanha vossa luta de amor ao ser humano transviado, pelo amor do Cristo, e a Ela levaremos os detalhes do relatório, a contribuição de cada um por meio de vossa sintonia mental."

Breve pausa ocorreu na comunicação de Irmã Celeste. Ato contínuo, obedecendo a uma força superior irresistível e incompreensível aos meus sentidos, senti um envolvimento amoroso sublime que tocou as fibras mais sensíveis de minha alma e, sem perceber, elevei meus olhos marejados de lágrimas, observando que aquele foco luminoso ampliara, envolvendo todo ambiente em luzes, cujo matiz era de indescritível beleza aos sentidos humanos ainda acostumados à transitoriedade da matéria.

Diante da pobreza dos meus sentidos, percebi que aquela luz que nos envolvia era a irradiação da presença da própria Mãe de Jesus, a nos abraçar com seu manto de amor e misericórdia.

Todos os presentes encontravam-se envolvidos na mais profunda emoção, que, sem exceção, tomava o coração de cada um.

Em seguida, a voz de Irmã Celeste se fez ouvir novamente na acústica de nossas almas, convidando-nos a uma prece de agradecimento por aquele momento de júbilo e regozijo espiritual, em que esferas mais elevadas do mundo maior convergiam com as esferas mais próximas da crosta, por meio daquela ponte de luz e amor que se fazia presente.

— Vamos expressar a Jesus e a sua amorosa mãe nosso agradecimento mais profundo por todas as bênçãos recebidas.

Irmão Virgílio | Antonio Demarchi

Então, como que tangidos por uma força sublime e incontrolável, nossos pensamentos convergiram, mentalizando a figura de Maria de Nazaré e seu Augusto filho, e o que observei a seguir foi algo de beleza indescritível, cuja emoção produzida perdura no coração de cada um de forma eterna.

Diante de nossos olhos embevecidos, plasmou-se um quadro luminoso de admirável beleza, com a figura da Mãe de Jesus a nos abençoar.

Senti que todo meu íntimo era agitado por uma vibração irresistível de amor que penetrava no mais profundo do meu ser, de forma que não pude refrear minhas lágrimas de emoção, e, sem que pudesse me conter, prostrei-me ajoelhado, sentindo-me tocado por um sentimento de alegria e amor como jamais experimentara.

O sentimento de alegria era imenso e vibrava intensamente em todo o meu ser, e a expressão de meu agradecimento não acontecia em palavras articuladas, bem como a dos demais companheiros presentes na reunião. De nossas mentes e de nossos corações partiam focos de luz fosforescente, que se incorporavam ao quadro, imprimindo a ele tonalidades reluzentes e multicores.

Novamente, a voz de Irmã Celeste se fez ouvir, encerrando aquele momento de sublime enlevo espiritual:

– *Graças te damos, ó Mãe Santíssima, por estar conosco em nome de Seu Filho. Leve até Jesus os sentimentos mais puros de nosso coração em forma de agradecimento. Que o Divino Mestre continue a nos abençoar e nos fortalecer neste momento de lutas árduas em que nossos irmãos se empenham na crosta terrestre. Abençoa-nos e sê conosco nos instantes das lutas mais intensas, para que a glória de Jesus resplandeça no coração de cada criatura humana que neste momento transita na estreita linha que divide a estrada do bem e os despenhadeiros da perdição. Assim seja!*[34]

Quando concluiu a prece, observei que o quadro de Maria de Nazaré se desvanecera. Pude ainda notar que Irmã Celeste apresentava-se emocionada e, agradecendo mais uma vez em nome de Jesus, pediu a todos que continuássemos na luta terrena com coragem e ânimo redobrados. A luta era difícil, mas valia a pena, argumentou.

— *O Divino Mestre acompanha o esforço de cada um por meio de seus pensamentos, e sua luz os cobrirá de graça e bênçãos, irmãos! Até breve!* — despediu-se.

A reunião encerrou mais uma vez com a prece do dirigente Plácido, que agradeceu, sensibilizado, àquele momento de comunhão espiritual.

Observei os presentes e pude constatar que, assim como eu, todos se encontravam em estado de graça. Desejava, em meu coração, que aquele momento perdurasse para sempre. Imaginei o estado de alegria que sentem os espíritos que atingem as esferas mais elevadas e comungam a mesma sintonia vibratória de Jesus e do Criador.

---

34. Informou-me o Instrutor Ulisses que a comunicação de Irmã Celeste, por habitar esferas mais elevadas, não se processou por meio de palavras articuladas, mas por via mental, e cada um dos presentes captou a mensagem de acordo com o grau de compreensão. Por esta razão, a transcrição acima foi a mais fiel possível ao entendimento dos encarnados, tendo passado pelo crivo da revisão do próprio instrutor. (N.A.E.)

Irmão Virgílio | Antonio Demarchi

Mas uma questão veio à minha mente: aquela não era uma reunião em que deveríamos apresentar um relatório para que fosse reportado aos espíritos superiores?

Imediatamente, o Instrutor Ulisses trouxe-me os esclarecimentos de que necessitava:

— *Na verdade, Virgílio, o relatório foi enviado e da forma mais fiel que possamos imaginar. Da mesma forma que os espíritos que se distanciaram da matéria têm dificuldade para traduzir expressões de sentimento mais elevados ao entendimento humano ainda prisioneiro dos liames materiais, nós, que ainda gravitamos nas esferas adjacentes à crosta, também temos dificuldade para traduzir a eles as expressões típicas do sentimento de quem ainda se encontra prisioneiro da matéria. Por essa razão, no momento em que todos nos encontrávamos em comunhão vibratória com a Mãe de Jesus, os benfeitores extraíam, de cada um dos presentes, as impressões lá registradas, da mesma forma que recebemos a comunicação de Irmã Celeste. O relatório seguiu completo, traduzido por meio dos sentimentos mais elevados de cada um dos presentes.*

Aquela emoção permanecia vibrante em meu peito, e a alegria transbordava de meu coração ao saber que, apesar de nossas deficiências, também servimos como ponte entre os mentores esferas mais altas e o mundo material.

O instrutor sorriu compreensivo diante de meu pensamento simplório.

— *Sim, Virgílio, qualquer criatura, mesmo aquela portadora, de deficiências morais, pode, em um momento de desprendimento, servir de ponte para o amor e para os bons espíritos. Basta querer e estender as mãos em nome de Cristo.*

Após as despedidas dos amigos presentes, retornei ao meu domicílio. Desejava, no silêncio de minha alma, meditar na grandeza, na bondade de Deus, em sua Misericórdia, por nos ter presenteado aquela noite com visita tão sublime de alguém que, um dia, também foi como qualquer um de nós. Aquela sensação sublime da presença de Maria ainda perdurava em meu coração e desejava prolongar aquele sentimento indefinidamente, de forma que curvei a cabeça e orei ao Pai da Vida por tantas bênçãos recebidas.

O tempo urge

*E então veio um dos sete anjos que tem as sete taças
cheias dos últimos sete flagelos e falou comigo, dizendo:
Vem, mostrar-te-ei a noiva, a esposa do Cordeiro! E
me transportou em espírito até uma grande e elevada
montanha, mostrando-me a santa cidade, Jerusalém,
que descia do céu, da parte de Deus.[35]*

*A cidade não precisa nem do Sol, nem da Lua para
lhe dar claridade, pois a glória de Deus a ilumina,
e o Cordeiro de Deus é sua lâmpada. As nações
andarão mediante a sua luz e os reis da Terra lhe
trazem a sua glória.[36]*

Transcorrera uma semana após a assembleia com Irmã Celeste. Naquela tarde, o Instrutor Ulisses informou-me de que, à noite, haveria uma nova reunião, com a presença de trabalhadores de nossa esfera e encarnados desligados do corpo físico durante a ação do sono.

Passava da uma hora da manhã em nosso plano, momento para que o maior número possível de dirigentes encarnados pudesse estar presentes pelo desdobramento espiritual. Não era difícil identificar os irmãos encarnados, pela presença do cordão fluídico de que cada um era portador, em virtude da ligação mantida com o corpo físico em repouso.

---

35. Apocalipse, 21: 9-10. (N.A.E.)
36. Apocalipse, 21: 23-24. (N.A.E.)

Irmão Plácido, mais uma vez, assumiu a presidência da reunião, convidando a todos para uma prece de agradecimento ao Pai Eterno e a Jesus Cristo, o Divino Mestre. Não pude deixar de observar que Irmão Plácido irradiava brilhante foco luminoso, transmitindo sua emoção de forma intensa, o que nos levou às lágrimas.

Naquele instante, Irmão Plácido encontrava-se em sintonia com Irmã Celeste, e as palavras proferidas eram a transmissão de uma mensagem das mais elevadas esferas espirituais, em que nosso irmão se encontrava na condição de um medianeiro nos incentivando à fé, ao trabalho e ao bom ânimo:

— *Caríssimos irmãos em Cristo, a luta prossegue a nos exigir coragem, desprendimento e amor em nome do Divino Mestre. Na linguagem do apóstolo, após a abertura do sétimo e último selo, fez-se no Céu silêncio por quase meia hora, ocasião em que foram dadas aos anjos do Senhor sete trombetas e um incensário, com muito incenso para oferecê-lo, com as orações de todos os santos, diante do altar que se acha perante o trono do Senhor. Este silêncio de meia hora no intervalo simbólico que antecede os acontecimentos finais é o período em que estamos vivendo. Ainda não soaram as trombetas apocalípticas e, por essa razão, o tempo urge, pois o auxílio da oração e da vibração, junto com o incenso da fé, são forças poderosas a favor das forças do bem, mas volto a repetir: o tempo urge.*

"É o momento em que não podemos medir esforços, lançando mão de todos os recursos do bem para despertar o ser humano para a gravidade do momento. Os dirigentes de todos os credos,

sem exceção, estarão envolvidos na luta do bem contra as forças do mal, e Jesus nos confiou esta grande missão. Ide, caríssimos irmãos em Cristo, nesta grandiosa missão, pois sois mensageiros do Divino Amigo, em uma tarefa sacrossanta para salvar almas por meio da palavra que ilumina e esclarece, por meio do gesto de humildade, do exemplo de caridade, no exercício do amor e do perdão incondicional. Ide, meus bem amados, porque grande será vossa recompensa diante do Senhor!"

"É no trabalho que alicerçamos o benefício da fé em nosso favor, pois, enquanto batalhamos ao lado de Cristo, Ele nos fortalece o bom ânimo e nos ampara no caminho do bem. Devemos orar por nossos irmãos encarnados que ainda não se deram conta do grande perigo que vivem, porque sobrevirão ainda grandes tribulações e dores. O ser humano incrédulo assistirá, pasmado, a acontecimentos dolorosos e tenebrosos na face da Terra, diante de catástrofes coletivas aterradoras, atitudes humanas bestializadas e brutalidade sem limites."

"A natureza se agitará, revoltada diante da insanidade do ser humano, explodindo em ações vulcânicas que encobrirão a luz do Sol, maremotos gigantescos e terremotos assustadores em grande escala. A atmosfera será comprometida diante das emissões poluentes causadas por dirigentes gananciosos, alterando as condições climáticas da natureza, e chuvas torrenciais ocorrerão ainda em maior intensidade em todos os quadrantes do planeta, ao lado de flagelos tormentosos, secas terríveis e elevadas temperaturas, colocando em risco a própria existência da vida no globo terrestre. Não bastasse a insanidade do ser humano, provocando conflitos armados, outras guerras ocorrerão, apesar dos apelos dos pacifistas."

"Ao lado de tudo isso, o ser humano, ainda incrédulo, se entregará à devassidão e às deformidades morais típicas de um fim de ciclo. É neste quadro que os trabalhadores da última hora estarão presentes nas frentes de luta, sob a inspiração do Divino Cordeiro. Caríssimos irmãos, ainda há tempo, embora deva dizer que, infelizmente para alguns, o tempo já se esgotou. Lamentamos dizer que esses não mais terão a oportunidade de, na condição de 'mansos e pacíficos', herdar a Terra do futuro, para o trabalho de regeneração e harmonia, pois a seleção do joio e do trigo já está em pleno andamento nas esferas apropriadas. Para vós, nosso agradecimento em nome do Cristo Jesus, porque, após todas as tribulações e flagelos, a luz voltará a brilhar em toda sua plenitude, e a nova Jerusalém estará enfeitada para receber os escolhidos em uma nova era, em que a humanidade haverá de se elevar, apesar das imperfeições de que ainda é portadora."

Irmão Plácido respirou fundo, emocionado, fazendo breve intervalo naquele intercâmbio divino. Em seguida, prosseguiu:

– Ide, meus queridos irmãos, ide, com ousadia e coragem, pregar a palavra salvadora do Cristo ao ser humano incrédulo, aos desatentos, aos desviados do caminho, aos indolentes, aos acomodados, aos surdos, aos transviados da fé e às ovelhas desgarradas que caíram no abismo, pois, enquanto houver uma réstia de esperança, enquanto houver uma tênue chama acesa, haverá esperança. Grande será a alegria do Divino Pastor a cada ovelha desgarrada que for reconduzida ao toque do divino cajado de volta ao rebanho do Senhor! Ide, não desanimeis diante da zombaria e do escárnio daqueles que se esqueceram de Jesus, embora Ele jamais os tenha esquecido! Ide, levai o alerta, porque o sétimo selo já foi aberto,

Irmão Virgílio | Antonio Demarchi

ainda há tempo, mas o tempo urge! Cristo, nosso Divino Mestre, e Maria Santíssima estarão convosco em cada momento! Ide, meus irmãos amados, porque em breve soarão as trombetas aos quatro cantos da Terra, e, então, tudo estará consumado! Que a paz do Divino Mestre esteja no coração de todos!

Com o término da comunicação, desfez-se a ligação entre o Irmão Plácido e a Irmã Celeste.

O auditório estava repleto, e todos estavam conscientes da tarefa que nos aguardava. A mensagem foi clara, pois, em pleno período de transição, e não havia tempo a perder.

O Instrutor Ulisses aproximou-se, deu-me um abraço afetuoso, como um mestre diante de um discípulo ainda vacilante, convidando-me a segui-lo. Deslocamo-nos no espaço, de onde podíamos ver o céu cravejado de estrelas cintilantes e, abaixo de nós, o planeta mergulhado na escuridão da noite.

Naquele local estratégico, o instrutor, emocionado, concluiu as ponderações da noite:

— *Irmão Virgílio, grande é a responsabilidade de todos nós. As forças do mal têm a seu favor a incredulidade do ser humano. Este será o nosso grande empecilho. O homem ainda ri e faz pilhéria, até mesmo nas fileiras da Doutrina Espírita, mas o assunto é grave e sério. Não podemos esmorecer, pois ainda temos tempo para levar, aos nossos irmãos encarnados, a mensagem de alerta. Como disse Irmã Celeste, ainda temos tempo, mas o tempo urge, e as forças do mal correm aos quatro cantos. Procuram arrastar consigo todos aqueles que estiverem na sintonia da brutalidade, dos mentirosos, dos corruptos, dos falsos profetas e daqueles que praticam a sexualidade promíscua, imoral e desequilibrada.*

"A luta aumenta e promete se intensificar cada vez mais nos anos vindouros, e o ser humano assistirá, horrorizado, a acontecimentos dolorosos, catástrofes naturais e provocadas pela própria imprudência. Quem sabe, diante do sofrimento e da dor, muitos venham a despertar, mas bem-aventurados sejam aqueles que não necessitarem da dura provação para acordar para as verdades do Evangelho salvador! Anote, Virgílio, e leve essa mensagem por meio da palavra escrita, para que muitos possam ter os olhos de ver e ouvidos de ouvir!"

O instrutor abraçou-me, mais uma vez, com emoção. Senti que era um abraço de despedida.

– *Que Jesus te abençoe e ilumine sempre, Irmão Virgílio. Leve a palavra de coragem, estímulo, confiança, carinho e fé aos nossos irmãos do plano material. Ainda nos encontraremos num futuro próximo, mas a partir de agora, juntamente com outros companheiros de outras fraternidades espirituais, estaremos com novas responsabilidades no trabalho com os irmãos desencarnados que se encontram nas esferas adjacentes à crosta. Estou partindo, neste momento, para o encontro com esses irmãos que me aguardam em regiões de muito sofrimento, e é para lá que me dirijo agora. Até breve, meu irmão! Que a paz de Jesus esteja sempre contigo* – despediu-se.

Com os olhos marejados de lágrimas, solucei, emocionado, como uma criança que se despede de um irmão querido. Com a vista embaçada pelas lágrimas, observei a figura iluminada do instrutor, que desapareceu a distância. Adentrou a noite, na divina missão de levar luz e amor àqueles que ainda se revolvem nos pesadelos tenebrosos do ódio, do rancor, do egoísmo e da maldade que ainda habitam corações humanos. Não sabia explicar, mas, no íntimo, algo me dizia que ainda reencontraria o Instrutor Ulisses em um futuro próximo.

Sob o céu estrelado, como num palco, observei a Terra envolta na escuridão da noite, roguei ao Pai Eterno a bênção da misericórdia para o ser humano, falível por causa de seu orgulho, vaidade e egoísmo, pedia a bênção do amor e do trabalho aos missionários do bem, e a bênção de servir aos trabalhadores da última hora.

Contemplei, mais uma vez, o planeta imerso na intensa escuridão, agasalhando em seu seio a humanidade envolvida em tantos conflitos, guerras e autodestruição. Em meus pensamentos, questionava o porquê de, passados mais de dois mil anos da vinda do Divino Mestre, o ser humano ainda resistia à mensagem libertadora da Boa-Nova. Haveria ainda esperança para aquele que mata o próprio filho no ventre? Para aqueles que enriquecem na corrupção e nos desmandos políticos? Para os falsos profetas que comercializam a palavra do Cristo? Para os corruptores que mercadejam sensualidade e o corpo humano da mulher e de crianças? Para os que se entregam ao crime e à brutalidade? Para mercenários que corrompem jovens usando drogas? Haveria ainda esperança para essas criaturas?

Dentro de meu ser, uma voz respondeu:

– *Enquanto houver uma réstia de esperança, o Divino Pastor lutará contra o lobo voraz, defendendo suas ovelhas, mesmo aquelas que se acreditam perdidas! Levai a palavra do Cristo que ilumina e que liberta as criaturas. Trabalhai com confiança e coragem, pois o amanhã pertence a Deus. Entretanto, o tempo urge!*

Fechei os olhos e, tendo como altar o céu cheio de estrelas cintilantes, roguei em oração ao Divino Mestre e ao Pai Eterno que a humanidade possa despertar e buscar a proteção na segurança do abrigo Divino.

Ao terminar a leitura deste livro, talvez você tenha ficado com algumas dúvidas e perguntas a fazer, o que é um bom sinal. Sinal de que está em busca de explicações para a vida. Todas as respostas que você precisa estão nas Obras Básicas de Allan Kardec.

Se você gostou deste livro, o que acha de fazer com que outras pessoas venham a conhecê-lo também? Poderia comentá-lo com aquelas do seu relacionamento, dar de presente a alguém que talvez esteja precisando ou até mesmo emprestar àquele que não tem condições de comprá-lo. O importante é a divulgação da boa leitura, principalmente a da literatura espírita. Entre nessa corrente!

Irmão Virgílio | Antonio Demarchi

CÍRCULO DO PODER

CRISTINA CENSON PELO ESPÍRITO DANIEL

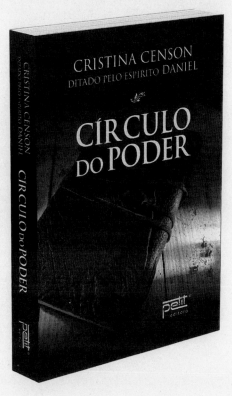

Romance | 15,5x22,5 cm | 448 páginas

"A busca pelo poder ao longo dos séculos reúne os principais personagens desta envolvente história na eterna luta do bem contra o mal. Sob o olhar atento do plano espiritual, Ricardo, Afonso, Betina e Vitória se encontrarão e reencontrarão para enfrentarem os irmãos Estela e Diego. Muitos combates ocorrerão no decorrer da trama! Juntos, Ricardo, Afonso e Betina irão atrás de respostas que possam aliviar seus temores. A presença de Vitória ao lado deles será fundamental nessa tentativa. O aprimoramento moral dos personagens vai depender da conduta a ser seguida. Todavia existe por trás o comprometimento de cada um com as forças do além. Haverá algo maior que a força do amor?"

 www.boanova.net

 www.facebook.com/boanovaed

 www.instagram.com/boanovaed

 www.youtube.com/boanovaeditora

Entre em contato com nossos consultores e confira as condições
Catanduva-SP 17 3531.4444 | boanova@boanova.net

Levamos o livro espírita cada vez mais longe!

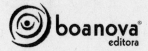

Av. Porto Ferreira, 1031 | Parque Iracema
CEP 15809-020 | Catanduva-SP

www.petit.com.br
www.boanova.net

petit@petit.com.br
boanova@boanova.net

17 3531.4444

17 99257.5523

Siga-nos em nossas redes sociais.

@boanovaed   boanovaeditora

CURTA, COMENTE, COMPARTILHE E SALVE.
utilize #boanovaeditora

Acesse nossa loja

Fale pelo whatsapp